Die Tribute von Panem enthüllt

Was wir durch die Hungerspiele über unsere Gesellschaft lernen können

Band 6 aus der Serie

«The Best – The Rest – The Rare»

Copyright und Design:

Michael von Känel

Verlag:

www.denkmalnach.ch

Inhalt

1 Einleitung

Wahrlich, eine Herausforderung!

Der Autor weiss noch gut, wie er im Kino gesessen hat und mitbeobachtete, wie Katniss auf ihrem Podest in die Arena hinaufgefahren wurde. Dann hat er die Todesangst ansatzweise miterlebt, die sich in Unglauben, in Ohrenbrausen und lähmender Überforderung der Situation geäussert hat. Und er fragte sich: «Ist das ihr Ernst!?»

Nach dem Film musste der Autor sehr viel über all das nachdenken, was er da gesehen hatte. Er kaufte sich die drei Bücher und las die Romane in einem Zug durch.

Natürlich blieb am Schluss eine Enttäuschung, eine Desillusionierung.

Seither hat der Autor die restlichen Filme gesehen. Er war positiv überrascht über den vierten Band, der es geschafft hat, die Meinung der Leserschaft in Bezug auf Präsident Snow so positiv zu verändern – um dann trotzdem viele Fragen offen zu lassen. Und er hat den bisher letzten Film gesehen, der farbenfroher, leichter, musikalischer und trotzdem bleischwer daherkam.

Ja, viele Stunden Reflexion haben sich aus diesem Gesamtwerk ergeben. Und irgendwie erwuchs aus der Geschichte um Katniss eine Sichtweise, die unsere eigene Realität in den Augen des Autors in einem anderen Licht erscheinen liess. Und er fragte sich: «Ist es möglich, die Hungerspiele auf unsere reale Welt zu projizieren? Und welche Erkenntnis resultiert daraus?»

Jetzt wagt sich der Autor an diese grosse Herausforderung heran: Er versucht in einem Buch all die Hinweise, Sachverhalte, schockierenden Erlebnisse und die verborgenen Wahrheiten in einen Zusammenhang zu bringen, auf dass die Leserschaft die Geschichte um Panem nicht nur wie bisher mit Spannung mitverfolgen und emotional daran teilhaben kann, sondern dass es ihr möglich wird eine Erkenntnis anhand dieses literarischen und cineastischen Beispiels aufzubauen.

Wahrlich, ein wunderbares geistiges Betätigungsfeld!

Warum ist dieses System von Panem so brüchig, wenn eine Hand voll Beeren es zum Einsturz bringen kann?

Warum wurde gerade Katniss zum Spottölpel, dem es gelang, dem einfachen Volk Hoffnung zu geben, wenn doch vor ihr schon Dutzende von anderen Tributen gekämpft hatten…?

Wie ist es möglich, dass jemand auf die Idee kommen kann, gesellschaftliche Modernität mit archaischen Machenschaften wie Gladiatorenkämpfen in einer Arena zu vermischen?

Die Geschichte um die *Tribute von Panem* ist so erstaunlich anders. Und trotzdem fühlt es sich an, als könnte sie in unserer Realität spielen. Weshalb ist dem so? Welche Elemente schaffen den Bezug? Und welche abstrusen Faktoren stossen uns ab?

Und warum wirkt diese Geschichte so dramatisch, mitreissend, aufwühlend und dennoch enttäuschend?

Wer nach Antworten auf all die Fragen sucht, der kann viele schöne Momente des Nachdenkens damit verbringen. Und Nachdenken führt ja immer auch zu Antworten und somit zu Erkenntnis. Und das ist der Grund, warum es dieses Buch hier gibt: *Suzanne Collins*, die Autorin der *Hungergames* hat uns über eine Geschichte sehr viel Wahrheit vorgelegt, die uns erkennen hilft. Sie hilft uns erkennen, dass die Welt nicht so ist, wie wir sie sehen.

Wahrlich, eine Bereicherung für unser Verstehen!

Hinter dem Hunger in den Distrikten und dem Überfluss im Kapitol steht Kalkül. Und die strenge soziale Ordnung, die sich in Funktionen, Machtverteilung, Einfluss, Reichtum und Macht widerspiegelt, ist nicht erfunden, sondern von unserem Gesellschaftssystem abgeschaut.

Und durch den ständig auftauchenden Bezug zur Antike und den römischen Gepflogenheiten bekommen wir unter die Nase gerieben, dass wir zwar von uns denken, wir hätten uns entwickelt; dabei haben wir nur auf elegante Weise die Dinge so verändert, dass die Ungerechtigkeit weniger laut zum Himmel schreien kann…

Sicherlich, zwischen den USA und Europa bestehen Unterschiede. Es tut gut, diese erkennen zu dürfen. Aber dennoch sind wir als Gesellschaft rückständiger, als man denken würde.

Wenn es gelingt, in einem literarischen Werk so viele Tatsachen und Fakten aufeinander abzugleichen, dass daraus ein neues, real anmutendes Gesellschaftssystem erwächst, dann hat jemand ganze Arbeit geleistet. Und er

– in unserem Falle sie – ermöglicht es uns, ja, legt uns regelrecht die Verpflichtung auf, darüber nachzudenken, welche Rolle denn wir in Panem spielen würden.

Wer den Verlag www.denkmalnach.ch kennt, der weiss, dass es in dessen Büchern nie um Schuldzuweisung und Verurteilung geht. Und darum soll dieses Buch hier auch nicht unsere Selbstverurteilung zum Ziel haben. Vielmehr soll uns aufgezeigt werden, welche Rolle wir in Panem spielen KÖNNTEN.

***

Ja. Die Hungerspiele führen uns hin zu der Frage, was wir tun würden. Und weil selbst Katniss und Peeta in ihren guten Absichten am Schluss gescheitert sind – aber trotzdem das Beste von dem gefunden haben, was sie haben finden können, sind wir gezwungen, andere Denkweisen anzunehmen und diese für uns zu überprüfen.

Ist nicht genau das das Vorgehen, welches zu Persönlichkeitsentwicklung und Charakterbildung führt?

Wenn etwas Erfundenes niedergeschrieben wird, auf dass andere es lesen und sich damit auseinandersetzen können, dann führt das hin zu philosophischem Denken. Es führt zu Inspiration.

Und es sind die Dinge, die uns vor den Kopf stossen, welche uns am meisten lehren können.

Ähnlich wie *Pink Floyd* in ihrem Lied *«Wish you were here»* ihre Fragen stellen, sollen auch in diesem Buch

Fragen gestellt werden. Und erstaunlicherweise geht es im Grunde um die immer selbe wiederkehrende Frage:

Did they get you to trade
Your heroes for ghosts?
Hot ashes for trees?
Hot air for a cool breeze?
Cold comfort for change?
Did you exchange
A walk-on part in the war
For a lead role in a cage?

(Haben sie dich dazu gebraucht
Deine Helden für Geister einzutauschen?
Warme Asche für Bäume?
Warme Luft für eine kühle Brise?
Kalten Komfort für Veränderung?
Hast du eine Statistenrolle im Krieg eingetauscht
Für eine Hauptrolle im Käfig?)

Wir fühlen es: Es geht um das, womit sich die Menschheit schon immer befasst hat. Es geht um grundsätzliche Fragen des Seins und unsere Haltung dazu.

Wer nur dasitzt und konsumiert, der mag sich zwar empören über die Machenschaften anderer. Wer aber nachdenkt und erkennt, der befähigt sich dazu, Alternativen zu finden. Das ist schwierig, anstrengend und gefährlich. Aber was wäre aus Panem geworden, wenn nicht ein paar selbstlose Helden ihr Leben für Veränderung hin zum Guten aufs Spiel gesetzt hätten?

2 Traum oder Wirklichkeit?

Suzanne Collins hat in einem Interview erzählt, dass die Idee zu den *Hungergames* an einem Abend zu ihr gefunden habe. Allein vor dem Fernseher habe sie sich durch das Programm gezappt. Schläfrig und müde, wie sie gewesen sei, haben sich Spielfilme, Talkshows, Sportsendungen, Reality Shows und Dschungelcamps angefangen zu durchmischen. Und im Halbschlaf sei die Vision einer Geschichte in ihr aufgekommen, in der alles gemeinsam spielt.

Welch eine illusorische Vorstellung! Die römischen Gladiatoren treten in Talkshows auf, werben um die Gunst ihrer Fans, um dann in einer Realityshow gegeneinander anzutreten, damit die High Society Unterhaltung findet, wären hintendran ein Politkrimi läuft, der gegen Dokumentarfilme ankämpft, die versuchen die Armut und Ungerechtigkeit im Land zu thematisieren…

Wer die *Hungergames* liest oder als Film anschaut, der denkt sofort an Fiktion, Illusion und einen Traum. Wer aber über sie nachdenkt, der erkennt, dass alles zwar weit hergeholt scheint, dass alles aber bereits real auf unserer Welt stattfindet oder stattgefunden hat.

Ein weiteres Mal stellt sich uns also die Frage, ob wir Illusion in Form von Geschichten konsumieren, oder ob wir selbst in einer Illusion leben, in die hinein über das Lesen von Büchern ab und zu etwas Wahrheit dringen kann.

Wenn wir das Werk um die Hungerspiele vollumfänglich für unsere Zwecke auszukosten beabsichtigen, dann sollten wir in unseren Ansichten flexibel werden. Wir sollten den Gedanken zulassen, dass die Medien alle möglichen Kniffe benutzen, um uns mit scheinbar «wahren Begebenheiten» zu unterhalten. Dass die Regierung uns Dinge erzählt, die wir glauben sollten, selbst wenn sie unseren Kindern das Leben kosten können. Und dass am Schluss, wenn es ums nackte Überleben geht, die meisten Menschen sogar ihre Liebsten umbringen würden…

Wären wir standhaft, wenn der Traum zur Realität würde? Könnten unsere Überzeugungen, Werthaltungen und edlen Prinzipien uns davor abhalten, das Ungeheuerliche zu tun?

Oder anders gefragt: Wie müsste eine Welt und eine Gesellschaft beschaffen sein, damit wir niemals gezwungen wären, jemandem Schaden zufügen zu müssen oder gar für unser Überleben töten zu müssen?

Unsere jetzige Welt ist noch nicht so beschaffen. Darum braucht es Bücher wie *Die Tribute von Panem*. Denn es braucht etwas, was uns aus dem Halbschlaf aufrüttelt, damit wir nicht denken, all die Ungerechtigkeiten und Menschenrechtsverletzungen auf der Welt seien legitim und normal.

3 Die halbe Welt

In ihrem Lied «*Sympathie*» singen die *Rare Birds* von unserer Welt, wie sie ist:

Die halbe Welt schlägt die andere Hälfte,
und die halbe Welt hat alles Essen.
Und die halbe Welt legt sich still hin und hungert,
weil es nicht genug Liebe gibt,
damit diese um die ganze Welt herum reichen
könnte.

Dass wir Kleider tragen, die von jemand anderem genäht wurden. Dass wir Rindfleisch aus Übersee essen. Dass wir Energie und Rohstoffe aus lebensgefährlichen Minen in Massen verbrauchen, das scheint uns weder zu stören, noch nehmen wir im Alltag gross Notiz davon.

Wenn aber Suzanne Collins in den *Hungergames* eine Welt aufbaut, die geteilt ist, dann erkennen wir die Ungerechtigkeiten und die Mängel sofort. Und dank der Protagonisten gelingt es uns, uns in diese Teilwelten hineinzufühlen. Es wird uns möglich, die Verschwendung im Kapitol zu erkennen, weil wir vorher mit Katniss gehungert haben. Und im Wissen, dass manche für Essen mit ihrem Leben bezahlen, bekommt alles eine ganz andere Bedeutung.

Ja, in Panem wird es uns möglich zu sehen und zu erkennen. In unserem wahren Leben scheinen wir geblendet zu sein.

Aber in Panem geht es nicht nur um Güter und deren Verteilung. Es geht auch um Menschlichkeit.

Wo sind Nächstenliebe, Selbstlosigkeit und Ehre zuhause? Dort, wo Katniss sich anstelle ihrer kleinen Schwester freiwillig meldet, um in den ziemlich sicheren Tod zu gehen? Dort, wo Peeta das Brot schwarzwerden lässt, um Katniss damit vor dem Verhungern zu bewahren? Dort wo Katniss Peeta das Leben rettet, indem sie ihn den Sponsoren zuliebe küsst?

Oder vielmehr dort, wo alle in Saus und Braus leben, wo aber Überfluss und Überdruss das Leben langweilig und träge machen, so dass man am Bildschirm mitverfolgen muss, wie andere sich zu Unterhaltungszwecken gegenseitig abschlachten, nur um selbst ein paar Gefühle zu empfinden und so zu merken, dass man noch lebt?

Solange immer nur die halbe Welt leidet oder profitiert, solange müssen wir auf den Weltfrieden warten. Aber in Panem ist es noch schlimmer! Denn hier profitieren nur die Bürger des Kapitols; und nicht mal alle von denen. Die Menge der Unterdrückten, Hungrigen und Mittellosen macht in Panem viel mehr als die Hälfte aus! Und als wäre dem noch nicht genug, werden jährlich die Kinder der Unterdrückten über die Ernte terrorisiert, ihre Eltern über horrible Angst um ihre Liebsten gepeinigt und das Ansehen der arbeitenden Bevölkerung mit Füssen getreten.

Entsprechend kann es nur eine Frage der Zeit sein, bis die letzte Träne in das Meer der Angst geflossen ist und die Wellen des Zorns das hervorbringen, was einmal mehr zum Untergang aller führt.

Welche Alternativen gibt es zum Krieg, der gegen Unterdrückung kämpft?

Dann, wenn unsere halbierte Welt über Heilung Ganzheit erlangt, werden Grausamkeit und Hass nicht mehr ihr Unwesen treiben können.

4 Spannung und Co

Wer sich den *Tributen von Panem* hingibt, der wird von Beginn weg in eine Welt geworfen, die direkter, härter und brutaler ist als das, was wir kennen.

Dieser Effekt wird erzielt, indem man viele gesellschaftliche Errungenschaften der heutigen Zeit über Bord geworfen hat und wieder Zustände aus der Zeit der Industrialisierung hervorholt – oder gar noch aus weiter zurückliegenden Epochen.

Gleichzeitig aber wird dieser rückständigen, kalten und überlebensfeindlichen Welt in den Distrikten der Glanz und Glamour des Kapitols gegenübergestellt, wo Moderne, Fortschritt, Wohlstand und Luxus für alle normal zu sein scheinen.

Immer wieder treffen wir genau diesen harten Kontrast an, der für uns die Ungleichheit und Ungerechtigkeit augenscheinlich macht.

Und als Tüpfchen auf dem i erfahren wir dann von der Tradition der Hungerspiele. Welches Land baut sein Fortbestehen und sein Wohl darauf auf, dass jährlich unschuldige Kinder geopfert werden!? Und welche Nation macht daraus ein Unterhaltungsevent, so dass der Tod von Menschen zum Schauspiel wird?

Dass sich unter einer solchen Konstellation ein Mensch der heutigen Zeit vor den Kopf gestossen fühlt, dürfte normal sein. Aber anstatt die Hungergames zu boykottieren und das Buch wegzulegen, liesst man dann eben trotzdem weiter – obwohl wir ganz genau wüssten, *dass die Hungerspiele nichts bringen würden, wenn niemand zusieht.*

Wir selbst werden also über unsere Neugierde, unsere Verwirrung, unsere Empörung aber auch über unsere stark in Schwingung versetzten Emotionen dazu hingerissen, das Schicksal von Katniss und somit das Schicksal von ganz Panem mitverfolgen zu müssen und dies auch zu wollen.

Und es kommt immer dicker; von Seite zu Seite, von Film zu Film.

Und ständig greifen wir nach dem nächsten Teil der Serie, in der Hoffnung, es komme besser. In der Hoffnung, unser Verlangen nach Harmonie werde gestillt.

Aber die Hungergames stillen unser Verlangen nicht. Im Gegenteil, sie lassen uns immer mehr leiden. Dem ist wohl so, weil nur wir selbst Harmonie erschaffen und so zu Veränderung beitragen können. Und zwar über das, was wir in uns tragen. Über unsere Werthaltungen, Ideale und positiven Charakterzüge.

Es ist Peeta, der uns das immer wieder vor Augen führt, währenddem fast alle anderen den Weg des Feuers und somit der Zerstörung wählen.

In welchen Scheinwelten leben wir, damit wir fälschlicherweise glauben, unser Leben werde dadurch lebenswert und spannender?

Welches sind die Elemente, die uns weg von unserem Verstand hinein in unsere Gefühlswelten locken, damit wir nicht mehr agieren, sondern nur noch reagieren und funktionieren?

Die *Hungergames* führen uns immer weiter. Und dabei zeigen sie uns nicht Lösungen auf, sondern immer wieder neue Sackgassen. Sie tun dies, damit wir selbst erkennen können, dass es einen ganz anderen Weg bräuchte, um die Welt verbessern helfen zu können.

Wir finden diesen Weg nur, wenn wir hinter den Vorhang zu blicken vermögen, den die Scheinwelten uns vor Augen halten.

5 Scheinwelten

In Panem gibt es einen Präsidenten, Bürgerinnen und Bürger, Fabriken, Medien und vieles mehr. All das kennen wir. Es sind alles Dinge, die in einer modernen Gesellschaft vorkommen.

Aber wir sind uns nicht bewusst, was diese Dinge tun und beabsichtigen. Wir wissen es nicht, weil wir hinter einem Vorhang leben. Es ist der Vorhang der Illusion, der die Realität vor unseren Augen verschleiert, so dass wir nur das sehen können, was wir sehen sollen. Und wohl auch, was wir selbst sehen wollen.

In den *Hungergames* ist es anders. Als Leser oder Zuschauer gewährt uns Katniss Einblick in ihr Leben, genau so wie es ist. Sie nimmt uns mit in den Wald zum Jagen. Und wir staunen über ihr Geschick im Umgang mit Pfeil und Bogen. Aber wir fragen uns auch, warum in Gottes Namen jemand Eichhörnchen jagt und verkauft.

Rückblenden und Einspielungen erklären es uns: Alle haben Hunger. Alles ist knapp. Alle müssen hart arbeiten, um überleben zu können. Ja, die Bevölkerung wird knappgehalten und ausgepresst, ohne dass sie die Sonnenseiten des Lebens auch geniessen könnte. Und selbst die Armenhilfe ist nicht umsonst: Wer zu Essen will, der muss seinen Namen einwerfen und steigert so die Möglichkeit, dass er bei der Ernte als Tribut gezogen wird.

Und es ist diese Erntezeremonie, die uns das erste Mal so richtig vor den Kopf stösst. Es ist aber auch der Moment, in dem Katniss aus ihrer Welt gezerrt und ins Kapitol verschleppt wird. Wir dürfen oder müssen ihr auch dorthin folgen. Und hier bekommen wir wiederum durch die Augen von Katniss unverschleiert das zu sehen, was den Bewohnern der Distrikte vorbehalten bleibt – so wie den Bewohnern des Kapitols die miserablen Lebenszustände in den Distrikten vorenthalten bleibt.

Ja, es sind die Hungerspiele, die den Schleier der Scheinwelten für uns lüften, indem sie ihn auch für Katniss und Peeta lüften.

Normalerweise entsteht daraus für die machthabende Elite kein Problem. Denn die Tribute sterben ja in der Arena und können niemandem über ihre Beobachtungen und Erfahrungen berichten. Und der jeweils mit sich alleingelassene Sieger dreht mehr oder weniger durch nach all dem Horror, den er in der Arena erlebt und durchgemacht hat. Zudem wird er vom System als Galionsfigur ausgenutzt und missbraucht, so dass er die klare Sichtweise verliert und anfängt in einer weiteren Scheinwelt zu leben; in der Scheinwelt der Sieger.

Aber irgendwie kommt es bei den Hungerspielen, in denen Katniss und Peeta mitkämpfen, anders. Irgendwie sind beide bereit, füreinander, für ihre Werte, oder aus Prinzip zu sterben. Sie sterben lieber, als dass sie einander umbringen würden. Und diese Selbstlosigkeit bringt das Kapitol in Bedrängnis und das System ins Wanken. Nein, es ist nicht die Handvoll Beeren, die das System ins Wanken und schliesslich zum Einsturz bringen. Es sind die edlen menschlichen Werte, die hinter dem Akt von Katniss und Peeta stehen: Sie sind bereit, für das, was ihnen wichtig ist zu sterben. Sie handeln also so, wie es

Sokrates vor zweieinhalbtausend Jahren auch schon gemacht hat. Denn er hat der Wahrheit zuliebe den Schierlingsbecher der Verbannung vorgezogen und damit die Selbsttötung gewählt. Und indem er dies tat, hat er die irdischen Bande durchtrennt, die ihn vor dem wahren Sein zurückgehalten haben. Den zurückgebliebenen Menschen aber, die ihn schlecht behandelt haben, hat er so gezeigt, was wahre Persönlichkeit und edlen Charakter ausmacht.

Nein, mit dem selbstlosen Opfer zugunsten der menschlichen Nächstenliebe hat das Kapitol nicht gerechnet. Und dank der Live-Übertragung konnten alle mitansehen, was passiert, wenn man sich anders als egoistisch verhält in der Arena. Und weil sich die Menschen in den Distrikten ein Beispiel genommen haben an dieser Selbstlosigkeit, konnten sie ihre egozentrierte Perspektive ablegen und die Illusion durchschauen, die sie in ihrer Scheinwelt zurückgebunden hat.

***

Die Hungerspiele brillieren über realistische Fiktion. Diese ist so realistisch, dass sie uns selbst zu überzeugen vermag. Und so fangen auch wir an nach Scheinwelten zu suchen. Und dabei treffen wir auf Illusionen, die man um uns erschaffen, oder die wir gar selbst aufgebaut haben.

Wir Menschen sehen nur, was wir sehen wollen. Bei den *Tributen von Panem* handelt es sich um gefährliche Bücher – denn sie veranlassen uns ungewollt und verschleiert dazu, über unseren Suppentellerrand hinaus zu blicken. Und was wir sehen, ist nicht eine fiktive Welt in einem Film, sondern unsere eigene Welt. Aber wir sehen sie neu und mit anderen Augen. Wir sehen sie aus der Perspektive des Spotttölpels.

Was wir über diese Perspektive konkret entdecken können, dabei versucht dieses Buch hier zu helfen. Und das nächste Kapitel ist darauf ausgelegt, verschiedene Aspekte von Panem genauer zu durchleuchten.

6 Analyse

Ist doch nur eine Geschichte!

Ja, ist es. Aber sie mutet unangenehm realistisch an!

Und sie tut dies aus gutem Grund: So ziemlich alles, was wir in den Büchern und Filmen antreffen, gibt es auch in unserer Welt. Nur werden diese Dinge oft anders benannt und dargestellt. Aus Soldaten, Polizisten und Ordnungshütern werden Friedenswächter. Aus Ländern und Staaten werden Distrikte. Und aus humanitären Errungenschaften der Menschheit werden Träume, wie es sein könnte, wenn man es besser hätte.

Minenunglücke, Starkstromzäune und hungernde alte Leute mit eingefallenen Wangen finden über die *Hungergames* Einlass in unsere Wahrnehmung. Und sie stehen in hartem Kontrast zu dem, was wir uns sonst gewohnt sind.

Nun, eigentlich leben wir ja auch nicht so, wie die Leute im Kapitol. Aber da wir über Konsum und Medien einen Teil dieser glamourösen Welt in unser Leben holen, denken wir von uns, wir würden zum Kapitol gehören. Tun wir aber nicht! Oder war jemand von der Leserschaft dieses Buches schon mal bei einer Oskar Verleihung eingeladen und beschritt in edler Abendgarderobe den roten Teppich, der der High Society vorenthalten ist?

Also, wir selbst stehen irgendwo zwischen den Distrikten und dem Kapitol. Wir gehören zu beidem, und gehören somit nirgendwo hin.

Dies bringt uns in die unangenehme Lage, unsere Seite wählen zu müssen. Und klar empören wir uns über die Gepflogenheiten und Gesetze Panems. Und klar stören wir uns am Führungsstil Präsident Snows. Aber irgendwie verstehen wir ihn auch. Denn er muss ja dieses Land führen und einen neuen Aufstand verhindern.

Aber wendet er wirklich die richtigen Mittel an?

Je mehr wir über die Welt von Panem wissen, wie besser verstehen wir. Wir verstehen das einfache Volk besser, das sich gegen Unterdrückung und Ungerechtigkeit wehrt. Aber wir verstehen auch die Regierung besser, die die Interessen des Landes zu wahren versucht, so dass es nicht zu Gewalt und Aufruhr kommt.

Wäre da nur nicht unser Verdacht, dass es um Bevorteilung gewisser Interessengruppen geht…

6.1 Panem

Panem ist das, was von Amerika nach Klimakatastrophen, Hungersnöten und einem vernichtenden Krieg übriggeblieben ist. Panem befindet sich also in der Zukunft.

Aber weil die Menschheit in ihren Errungenschaften über die schweren Zeiten so weit zurückgeworfen wurde, muten zumindest die Lebensbedingungen in den Distrikten als schlecht und hart an. Sie muten so an, als wären wir in der Vergangenheit.

Nun, für alle kann es nicht reichen, wenn vor erst siebzig Jahren alles von einem verheerenden Krieg zerstört worden war. Alles befindet sich noch im Aufbau – könnte man meinen. Aber wenn man die Lebensbedingungen im Kapitol mit denen in den Distrikten vergleicht, dann lassen da die Wohlstands- und Wohlfahrtsverbessernden Massnahmen der Regierung irgendwie auf sich warten.

Kann es sein, dass dem Kapitol der krasse Unterschied zwischen Arm und Reich ganz gelegen kommt? Zieht da jemand seine Vorteile aus den Unterschieden?

Panem ist also eine Art Zukunftsstaat, der zentralistisch vom Kapitol aus regiert wird. Und es scheint, als herrsche in Panem eine Zweiklassengesellschaft: Es gibt die Bürger des Kapitols und die Arbeiterschaft in den Distrikten. Wir kennen diese Aufteilung. Es ist die westliche Welt und neben ihr die Entwicklungsländer.

Alle sind zwar gleich, aber nicht alle haben die gleichen Rechte. Und selbst im Kapitol gibt es viel Gleichheit, aber die Reichen und Mächtigen sind gleicher als die anderen.

Das haben wir doch alles schon mal gehabt?

Also, Panem ist eigentlich nichts anderes als das, was wir heute schon haben. Nur dass in Panem alles in einem einzigen Staat spielt, während bei uns alles etwas komplexer auf die ganze Welt aufgeteilt ist.

Gehen wir weiter, um tiefer Einblick zu erhalten.

6.2 Die Distrikte

In Panem gibt es zwölf Distrikte. Einst waren es dreizehn. Aber in Distrikt Dreizehn gab es einen Aufstand, weshalb das Kapitol diesen Distrikt aus Rache und als

Mahnbeispiel dem Erdboden gleichgemacht hat. Dies war möglich aufgrund des Einsatzes atomarer Waffen.

In den verbleibenden zwölf Distrikten wird in erster Linie gearbeitet, produziert und gefördert.

Die Distrikte, die näher beim Kapitol liegen, haben es besser als diejenigen, die an der Peripherie des Landes liegen. So werden in den Distrikten Eins und Zwei Waffen, Dienstleistungen, Hightech Güter und Luxuswaren hergestellt. Der Wohlstand und die Wohlfahrt in diesen Distrikten sind somit höher, weshalb auch die Bevölkerung dem Kapitol zugeneigt ist.

Die anderen Distrikte sind eher mit der Beschaffung von Rohstoffen beauftragt. So gibt es Fischerei, Holzverarbeitung, Erzförderung durch Minenarbeit, Energieproduktion und so weiter.

So wie in unserer Welt auch, ist das Fördern von Ressourcen anstrengend, gefährlich und gesundheitsschädigend. Und entsprechend geht es der Bevölkerung, die das täglich tun muss, schlecht.

Und damit möglichst viel gearbeitet und produziert wird, werden die Menschen knapp gehalten. Denn nur ein hungriger Arbeiter ist ein guter Arbeiter. Da Arbeiter mit ihren Familien teilen, aber nichts zu teilen haben, geht es allen schlecht. Das hat Auswirkung auf die Bildung, die Volksgesundheit und die Gesamtsituation eines Distrikts.

Immer, wenn bei den Hungerspielen die Tribute, also die in der Ernte bestimmten Kinder aus den Distrikten im Kapitol zusammenkommen, werden diese kritischen Lebensbedingungen und die sozialen Unterschiede sichtbar. Aber eben nur für die Tribute selbst. Für die Bewohner des Kapitols und die Arbeiterschaft in den Distrikten besteht keine Möglichkeit, Einblick nehmen zu können. Sie werden hinter einem Vorhang gehalten, der die wahre Realität verbirgt. Medien und Berichterstattung können sowas.

Wir aber, die wir dank Katniss über die Lebensbedingungen in Distrikt zwölf Bescheid wissen, erkennen sofort, dass es unfair ist, ein unterernährtes, kaum geschultes zwölfjähriges Mädchen gegen einen ausgebildeten sechzehnjährigen Karriero antreten zu lassen, der unter guten Bedingungen heranwachsen konnte, um sich dann freiwillig als Tribut zu melden. Notabene trotzdem unter dem Risiko, dabei zu sterben.

Aber eben, die Distrikte sind da, um zu produzieren und zu liefern. Und entsprechend wird alles dafür getan, dass dem so bleibt. Und damit die Menschen nicht auf krumme Gedanken kommen, leben sie in ihren Siedlungen, eingesperrt durch Elektrozäune, müssen viel arbeiten, um zu überleben und leiden an Versorgungsmangel in allen Lebensbereichen. Und so kommt es, dass sich die Menschen so gut wie möglich selbst helfen, indem sie in Schwarzmärkten handeln, illegal Schnaps brennen, nach bestem Wissen und Gewissen heilen – oder sich lieb Kind machen beim Kapitol und als Friedenswächter, Verwaltungsbeamter oder politischer Vertreter arbeiten.

Und natürlich gibt es auch das lokale Gewerbe. Dieses aber läuft schlecht, da die Devisen und somit die Kaufkraft fehlen, damit Geschäfte blühen könnten.

Eigentlich ist es in den Distrikten also nicht viel anders als in Europa nach dem Krieg. Und kommt uns die Unterdrückung nach einer Niederlage, die damit einhergehende Ungerechtigkeit und das Beuteln des einfachen Volkes nicht bekannt vor?

It's all the same again...

6.3 Das Kapitol

Dem Kapitol ging es nach dem Krieg und dem Aufstand kaum besser als den Distrikten. Wir erfahren dies besonders aus Band 4 der Buchreihe, wo uns der junge Coriolanus Snow auf gleiche Weise Einblick in seine harte Welt gewährt, wie es Katniss in Band 1 tut. Aber über die Macht der Regierung und die Wertschöpfung aus den Distrikten konnte das Kapitol wieder aufgebaut und zur Blüte gebracht werden. Nicht nur das. Denn heute herrschen im Kapitol vermeintlich Wohlstand, Luxus, Kunst, Kultur und Schönheit.

All dies kommt in der Extravaganz der Bevölkerung und all dem, womit diese zu tun hat, zum Ausdruck: Kleidung, Essen, Gebäude, Medien und Selbstdarstellung sind exquisiter als exquisit. Das glauben wir zumindest, wenn wir an das Bild glauben, das die Regierung über die Medien vermittelt. Aber nach und nach erfahren wir, dass es auch im Kapitol Menschen gibt, die unterdrückt werden und die ein schweres Leben leben.

Aber genau um von diesen Missständen abzulenken, die selbst im Kapitol herrschen und niemals ganz auszumerzen sind, gibt es ja die jährlichen Hungerspiele.

Und dank diesem fantastischen Ereignis scheint es immer wieder zu gelingen, dem Volk das zu bieten, was es braucht, um ruhig zu bleiben und zu vergessen: *Brot und Spiel.*

Im Kapitol gibt es alles. Es gibt alles für diejenigen, die es sich leisten können. Und wie bei uns auch sind das diejenigen, die über Herkunft, Macht, Kapital oder Bildung ihre Stellung festigen konnten und meist über fragliche Haltungen und Machenschaften dort verbleiben.

Dies gelingt dank den Säulen des Staates, auf dem Panem aufgebaut ist.

6.4   Die Säulen des Staates

Natürlich ist es nicht so einfach, aufgrund all der Fragmente in den Romanen einen Staat in seinen Grundfesten zu skizzieren. Trotzdem sollen hier die wichtigsten Mittel des Machterhalts des Kapitols skizziert werden:

Propaganda – Über die Medien wird sowohl den Bewohnern des Kapitols wie auch den Leuten in den Distrikten eine Welt vorgegaukelt, wie es sie eigentlich nicht gibt. Denn selbst wenn das Kapitol den Krieg gewonnen hat, war seine Stellung zumindest am Anfang sehr unsicher. Und auch in der Zeit, in der Katniss lebt, muss alles dafür getan werden, dass möglichst niemand hinter die Scheinwelt blickt, die über propagandistische Mittel aufrechterhalten wird. Nein, der Berichterstattung in Panem darf man keinen Glauben schenken.

Manipulation – Zwar glauben die Menschen in Panem, die Dinge seien so, wie sie eben seien. Aber das Kapitol manipuliert in sehr vielen Belangen und Lebensbereichen. Über die dem Kapitol gut gesinnten Politiker und Verwaltungsbeamte sowie über die Friedenswächter wird überall so Einfluss genommen, dass die Distrikte das tun, was sie tun sollen. Im Kapitol muss etwas feinfühliger manipuliert werden. Hier wird vor allem über «Brot und Spiele», also über Luxus, Komfort und Ablenkung manipuliert. Und da Unterhaltung sich gut als manipulatives Mittel anbietet, kann man da ja Profit daraus schlagen…

Diktatur – In allen Büchern hat der Autor nirgendwo etwas von wirklich freien und demokratischen Wahlen gelesen. Und so scheint Präsident Snow unangefochten an der Spitze Panems zu stehen. Ein solches Politsystem, das viele demokratischen Gepflogenheiten aussen vorlässt, muss als Diktatur bezeichnet werden. Und die nachfolgenden aufgeführten Mittel, die zum Erhalt des Staates und dessen Macht beitragen, bestätigen diese Sichtweise.

Unterdrückung – In Panem ist eigentlich niemand frei. Die arme arbeitende Bevölkerung nicht. Die Bürger des Kapitols auch nicht, denn man hält ihnen wichtige Informationen und Möglichkeiten vor. So können diese zum Beispiel nicht in Panem herumreisen, denn sonst würde ja publik werden, wie schlecht es den Menschen in den Distrikten geht. Und auch die Schönen und Reichen sind über Ränke und Verpflichtungen in den Filz des Establishments eingebunden, so dass selbst der Präsident sich immer wieder über illegale Machenschaften

Freiraum verschaffen muss, indem er seine Gegner heimlich vergiftet.

Natürlich, den Menschen im Kapitol setzt die Unterdrückung weitaus weniger zu als denen in den Distrikten, die über Auspeitschung, Hunger und Armut direkt damit in Berührung kommen.

Ausbeutung – Damit eine hochentwickelte, kapitalistisch aufgebaute Gesellschaft funktionieren kann, braucht es immer irgendwo eine Arbeiterschaft, die unter sklavenähnlichen Umständen fördert, produziert und verarbeitet. Wenn jemand Waren kauft, die unter Bedingungen produziert wurden, zu denen der Käufer selbst nicht arbeiten möchte, muss von Ausbeutung gesprochen werden.

Ausbeutung bedeutet, dass die Notlage von Menschen ausgenutzt wird, um dadurch etwas zu erreichen, was unter anderen umständen nicht, oder nur unter Aufwendung von viel Geld möglich wäre. Und offensichtlich wird in den Distrikten künstlich dafür gesorgt, dass es den Menschen schlecht genug geht, damit diese ausbeutbar bleiben.

Versorgungsknappheit – Ein Mittel, das es möglich macht, Menschen auszubeuten, ist Versorgungsknappheit. Denn indem man den Menschen lebensnotwendige Güter vorenthält, macht man sie abhängig. Wer abhängig ist, der muss sich fügen. Denn wer aufmuckst, der kriegt noch weniger von dem, was ohnehin schon knapp ist.

Wenn die einen nicht genug kriegen, gibt das andern die Möglichkeit, in Überfluss zu leben. Das ist dann die Kehrseite der Versorgungsknappheit…

Repression – Falls es jemandem zu bunt wird, und er genug hat von all den miesen Machenschaften der Obrigkeit, dann zieht er einen Aufstand in Erwägung. Damit es aber nicht zu einem Aufstand kommt, werden repressive Mittel eingesetzt. Man bestraft schnell und ohne die Menschenrechte vollumfänglich einzuhalten. Man benachteiligt all diejenigen, die sich nicht konform verhalten. Man verunmöglicht die freie Meinungsbildung und die öffentliche Meinungsäusserung. Und man entfernt jeden Störenfried so aus seinem Umfeld, dass er nicht nur Ruhe gibt, sondern auch als abschreckendes Beispiel auf seine Mitmenschen wirkt.

Repression gelingt nur, wenn regelmässig der Beweis der Allmacht erbracht wird.

Terror – Jede repressive Handlung verbreitet Terror. Wenn aber öffentliche Auspeitschungen stattfinden, wenn Kinder bis zum Tode aufeinandergehetzt werden, wenn ganze Siedlungen dem Erdboden gleichgemacht werden, dann ist das Terror, der unverzeihlich ist. Denn er verletzt nicht nur die Menschenrechte, sondern er verletzt auch die Integrität aller, indem er den Seelenfrieden jedes einzelnen zerstört.

In den Hungergames begegnen wir sehr viel Terror. Zuerst eher subtil, dann immer offenkundiger. So weit, bis er zur Selbstzerstörung führt.

Tragisch dabei ist, dass am Schluss beide Kriegsparteien die gleichen Mittel einsetzen.

***

Wir müssen erkennen, dass die Säulen des Staates Panem nicht aus weissem Marmor gehauen, sondern aus klebrigem Teig der Widerwärtigkeiten geformt sind. Ein solches Staatsgebilde kann nicht funktionieren, weil die Grundgesetzmässigkeiten des friedlichen Zusammenlebens mit Füssen getreten werden.

Wir erkennen dies an Widersprüchen in allen Bereichen und Belangen.

6.5 Widersprüche

Warum sollen Hungerspiele zum Zusammenhalt der Gemeinschaft beitragen, wenn nicht alle daran teilnehmen?

Warum haben die einen zu viel, die anderen zu wenig?

Warum wird einem Sieger der Hungerspiele Ruhm, Reichtum und Ehre versprochen, wenn er jedes Jahr wieder den Horror durchleben muss, dem er selbst in der Arena begegnet ist? Und wie ist es möglich, dass Sieger ein zweites Mal in der Arena antreten müssen?

Warum werden nicht alle Distrikte gleichbehandelt?

Warum wird die Entwicklung in den Distrikten zurückgebunden, so dass für die Menschen dort nur begrenzte Selbstverwirklichung besteht?

Weshalb lässt man die Bevölkerung nicht an den Früchten ihrer Arbeit teilhaben?

Weshalb werden Bewohner mit Elektrozäunen eingesperrt?

Warum sind die Güter so ungerecht verteilt?

…

***

Wir erkennen: Es gibt in Panem sehr viele Wiedersprüche. Es gibt so viele, dass man sich die Frage stellen muss, ob dies absichtlich so gewollt ist, damit die Leserschaft zum Erkennen gezwungen wird.

Aber man kann niemanden zur Einsicht zwingen!

Man kann Missstände nur so offensichtlich präsentieren, dass sie augenfällig werden…

6.6 Gewaltherrschaft

Präsident Snow ist immer offen und ehrlich zu Katniss. Zu Beginn trauen wir ihm noch nicht. Aber mit der Zeit merken wir, dass er die Wahrheit sagt.

Und somit nutzt Snow seine Macht vollumfänglich aus. Er erpresst Katniss damit, all ihre Liebsten zu peinigen und falls nötig zu vernichten, wenn sie nicht tut, was er verlangt. Dies ist nur eine Ausprägung der Gewaltherrschaft, die in Panem herrscht.

Braucht es noch mehr Beispiele? Wohl kaum. Denn wir wollen nicht, dass noch mehr alte Männer, die drei Finger in die Luft halten, wegen uns standrechtlich erschossen werden…

6.7 Ein brüchiges System

Wenn wir in unserer Analyse vorangeschritten sind, dann wundert es uns mit der gewonnen Erkenntnis immer weniger, warum das Regierungs- und Wirtschaftssystem Panems so brüchig ist.

Dieses System fusst auf völlig falschen Grundwerten – wenn man überhaupt von Werten sprechen kann.

Und so erkennen wir, dass falsche Werthaltungen ein System gefährden, und alle Teile des Systems leiden lassen.

Nur hohe menschliche Werte könnten der allgemein grassierenden Angst und Unsicherheit in Panem Einhalt gebieten. Werte wie Nächstenliebe, Vertrauen, Gerechtigkeit und Freiheit.

Aber solche Werte würden eben der machthabenden Elite ihre Möglichkeiten wegnehmen. Und das zu verhindern, ist nicht nur in Panem Punkt eins auf der Agenda.

6.8 Die Gesellschaft

Woraus besteht die Gesellschaft in Panem? Besteht sie aus Denkern, Dichtern, Philosophen, Kunstschaffenden und Wohltätern?

Oder besteht sie lediglich aus Herrschern und Unterdrückten – nebst ein paar Mitläufern?

Dann, wenn in einer Gesellschaft den Menschen nicht nur Bedürfnisse abgesprochen, sondern auch Entwicklungsmöglichkeiten und Selbstverwirklichung vorenthalten werden, verliert das Ganze an Stabilität.

Es braucht jeden von uns in einer Gesellschaft, damit diese zum Wohle aller funktionieren kann. Aber es braucht uns nicht als funktionierende Projektionen, sondern als echte Menschen mit Herz und Seele.

6.9 Die Werte

Auf den ersten Blick scheint es, als gäbe es in Panem Werte. Wenn man zum Beispiel die Propo über die Hungerspiele das erste Mal sieht, dann fällt man beinahe auf diese Manipulation herein.

Wer aber die *Hungergames* fundiert analysiert und beobachtet, der findet zumindest im öffentlichen Raum keine Werte.

Manche Werte scheinen die Aufständischen zu haben. Aber auch diese werden im Endkampf im Kapitol verraten.

Und so bleiben uns nur die Werte, die uns die einzelnen Charaktere vorleben. *Annie* zum Beispiel, die sich gegen Ende von Band 3 gegen Hungerspiele zur Bestrafung des Kapitols ausspricht – weil ihr geliebter *Finnick* dies auch nicht gewollt hätte.

Wir erkennen: Werte kommen nicht von oben. Werte kommen von unten. Sie kommen aus dem Herzen, dem

Verstand und der Überzeugung jedes einzelnen von uns –
sofern wir welche haben…

6.10 Symbolik

Es gibt sehr viel Symbolik in den *Hungergames*. Am
auffälligsten ist wohl die pompöse Inszenierung beim
Einritt der Tribute im Kapitol, dann, wenn sie dem
Präsidenten zum ersten Mal vorgeführt werden.

Besonders im Film erinnern Aufmachung, Baustil der
Anlage und die frenetisch jubelnden Massen an
nationalsozialistische Zeiten.

Aber auch die Spotttölpel-Brosche, das Emblem Panems,
der Signalpfiff von Katniss und Rue sowie das
Handzeichen der ausgestreckten Finger der
Aufständischen vermitteln starke symbolische Wirkung.

Ja, hinter Symbolen verbergen sich Kräfte, gegen die auch
ein autoritäres Regime kaum ankommen kann. Nicht
einmal dann, wenn es sich selbst dieser Symbolkräfte zu
bedienen versucht.

6.11 Streben nach Freiheit

Warum kämpft Katniss bis zum Schluss.

Warum geben die Helden in ihrem Kampf im Kapitol
nicht einfach auf?

Warum sind die beiden Zwillingsbrüder *Castor* und
Pollux bereit, für die Sache der Aufständischen in den
Tod zu gehen?

Zumindest in den ersten drei Bänden dürfte es das menschliche Streben nach Freiheit sein, das dafür verantwortlich zeichnet, dass die Dinge so ins Laufen kommen, wie wir es mitverfolgen dürfen.

Der vierte Band zeigt und auf tragische Weise auf, wie der den Menschen eigene Selbsterhaltungstrieb dazu führen kann, dass egoistische Ziele höher gewichtet werden als das Wohl und die Freiheit aller.

Freiheit für alle ist nur möglich, wenn der einzelne in Bezug auf seine Selbstvorteile zurückzustehen bereit ist. Aber es braucht viel Charakterbildung, um dies erkennen zu können. Und darum werden immer wieder junge Leute verführt und genötigt, um sie zu egoistischen Führungskräften heranzuziehen. Und dies eben, bevor diese jungen Menschen über ihre Charakterbildung selbst erkennen könnten, was da mit ihnen gemacht wird.

***

Nun, nachdem wir ein paar wesentliche und augenscheinliche Eigenheiten Panems genauer betrachtet haben, wollen wir uns den in der Geschichte Panems spielenden Charaktere annehmen. Auch hier im Wissen, dass man niemals alle Details erfassen und abschliessend beschreiben kann. Denn auch der Autor ist ein Subjekt, das subjektiv wahrnimmt, analysiert und beurteilt.

7 Die Charaktere

Dieses Buch hier sieht seine Aufgabe nicht in der Dokumentation, sondern viel mehr in der Interpretation. Und daher werden die Charaktere der *Tribute von Panem* nicht beschrieben und dokumentiert, denn das machen bereits unzählige Internetseiten mit Fan-Inhalten.

In diesem Kapitel hier soll nur kurz auf charakterliche Eigenheiten und ihre Wirkung eingegangen werden. Also auf das, was die Person in Bezug auf die ganze Geschichte bedeutsam macht.

7.1 Katniss Everdeen

Katniss ist die Hauptakteurin in Band 1 bis 3. Es ist wichtig, dass sie ein Mädchen ist. Denn das verleiht gleichberechtigendem Gedankengut Auftrieb. Dass auch andere wichtige Rollen von Frauen besetzt sind, wirkt diesbezüglich unterstützend.

Katniss ist still, zurückgezogen, unsicher im Umgang mit anderen Menschen, aber steht mit beiden Füssen auf dem Boden und ist realitätsbezogen. Sie funktioniert wie eine Erwachsene, weil sie die Rolle ihres bei einer Minenexplosion tödlich verunglückten Vaters in der Familie einnehmen musste.

Aber Katniss ist auch nur ein Kind. Und die Folgen ihres Entscheides, sich bei der Erntezeremonie freiwillig für ihre kleine Schwester zu melden, bringt sie emotional und mental an ihre äussersten Grenzen.

Aber Katniss musste es tun! Sie musste sich für ihre kleine Schwester melden, weil diese sonst garantiert sicher in der Arena gestorben wäre. Denn *Primrose* ist klein, unsicher und keineswegs so überlebensfähig wie Katniss. Denn Katniss ist eine äusserst talentierte Bogenschützin. Das verleiht ihr Macht und Stärke, von der Katniss aber noch nichts weiss. Denn in ihrem Charakter hat der Gedanke, mit Pfeil und Bogen einen Menschen umbringen zu können bisher niemals Einlass gefunden.

Katniss orientiert sich an ihren Werthaltungen. Sie lässt sich nicht in Intrigen verwickeln und geht auch keine Allianzen mit Leuten ein, deren Charakter sie infragestellt.

Und weil Katniss selbstlos, unschuldig und bescheiden wirkt, wird sie zum Liebling des Publikums. Ja, das Publikum folgt dem Ruf der Herzen und zieht Nächstenliebe der physischen Dominanz und Stärke vor, die sonst üblicherweise bei Wettkämpfen das möglich macht, wozu Wettkämpfe da sind; nämlich zu gewinnen.

Und weil sowohl die Arbeiterschaft in den Distrikten wie auch die Bürger des Kapitols immer mehr Gefallen an Katniss finden, wird Katniss zum Star. Katniss verhilft den Hungerspielen zu mehr Beachtung. Aber leider – oder zum Glück – ist Katniss eben auch eigensinnig und von einem äusserst starken Überlebensinstinkt geleitet. Sie lässt sich nicht einfach so unterkriegen. Und bei allem, was sie in der Arena tut, lässt sie sich von ihren Werten lenken. Und so kommt es, dass sie ihrer Verbündeten und Freundin, der kleinen Rue Andenken gewährt, als diese getötet wurde. Dies zeigt den Menschen Panems, wie brutal doch die Hungerspiele sind.

Dann setzt sie sich für *Peeta* ein und rettet ihn, obwohl es doch nur einen Gewinner geben kann. Und selbst dann, wo Peeta bereit ist zu sterben, damit Katniss zurückgehen und für ihre Familie sorgen kann, willigt sie aufgrund ihrer Ideale nicht ein. Lieber versucht sie die Spielemacher mit der Handvoll Beeren. Und weil Katniss beliebt ist, zwingt sie den obersten Spielemacher *Seneca Crane* über die Giftbeeren dazu, in den diesjährigen Hungerspielen zwei Sieger zuzulassen.

Selbstlosigkeit rettet Katniss also das Leben. Aber in der Folge davon soll Katniss für ihre Selbstlosigkeit büssen: Sie muss von da an das tun, was das Kapitol ihr vorgibt. Sie soll Peeta lieben, obwohl ihr Herz einem anderen gehört. Und dies nur, damit das Kapitol die Scheinwelt aufrechterhalten kann und nicht auffliegt.

Katniss ist anders als die meisten anderen Menschen Panems. Sie ist anders, weil sie selbstlos ist. Aber gerade deswegen leidet sie. Sie leidet an all dem, was sie über ihren Akt der Selbstlosigkeit ihrer Schwester gegenüber in ihr Leben geholt hat. Aber sie leidet lieber selbst, als dass sie zusehen müsste, wie geliebte Mitmenschen leiden.

7.2 Peeta Mellark

Peeta ist sehr kräftig, weil er in der Bäckerei seiner Eltern immer Mehlsäcke herumtragen musste. Ansonsten ist Peeta eher unsicher und wirkt schwach, weil er ein gutes Herz hat. Dies zeigt sich darin, dass er die Schelte und womöglich auch Prügel seiner Eltern hinnimmt und absichtlich Brot im Ofen schwarzwerden lässt, um es dann anstatt den Schweinen Katniss hinzuwerfen, damit diese als kleines Mädchen etwas zu essen kriegt und nicht verhungert.

In der Arena zweifeln wir kurz an Peetas Glaubwürdigkeit, weil er sich mit der Allianz der Karrieros verbündet. Er tat dies aber nur, um Katniss zu schützen. Und er ging so das Risiko ein, selbst von den Karrieros getötet zu werden.

Peeta ist, ähnlich wie Katniss, selbstlos. Sein Selbsterhaltungstrieb ist nicht so ausgeprägt, dass er dafür töten würde. Und schon gar nicht würde er seine Liebe töten. Obwohl die Regeln der Arena es von ihm verlangen. Ja, Peeta verliebte sich bereits als Knabe in Katniss. Aber diese Liebe ist einseitig. Und das schmerzt Peeta sehr. Denn Katniss spielt mit seinen Gefühlen, um ihm das Leben zu retten und Sponsoren zu gewinnen.

Im Verlauf der Trilogie der Bücher entpuppt sich Peeta als erstklassiger Redner. Und obwohl er vom Kapital gefangengenommen und gefoltert wird, und obwohl sie ihn dazu zwingen, Propaganda für das Kapitol und gegen die Aufständischen zu machen, verliert er niemals seine wahren Werte. Denn als es draufankommt, warnt er Distrikt 13 vor dem Bombenangriff des Kapitols. Dafür muss er harte Bestrafung und Misshandlung hinnehmen.

Anders als Katniss wird Peeta nicht als Spotttölpel zu propagandistischen Zwecken missbraucht. Nein, er wird vom Kapitol über Gift und Halluzinogene psychisch derart manipuliert, dass er als Mordwaffe seine eigene Freundin umbringen soll, um der Aufstandsbewegung den Spotttölpel und somit den Mut zu nehmen. Von dieser psychischen Misshandlung erholt sich Peeta ein Leben lang nie mehr ganz.

Peeta leidet für die Gerechtigkeit und für die Selbstlosigkeit. Gleich wie Katniss, aber auf eine andere Weise.

7.3   Gale Hawthorne

Gale ist der beste Freund von Katniss und ihr engster Vertrauter. Gale stärkt Katniss den Rücken, indem er ihr gut zuredet, sie unterstützt und für ihre Mutter und Schwester sorgt, als Katniss in die Arena muss.

Gale liebt Katniss. Aber Katniss ist hin und hergerissen. Zuerst zwischen Gale und ihrer Familie, für welche sie sorgen muss. Dann zwischen Gale und Peeta. Und schliesslich zwischen Recht und Unrecht.

Ja, Gale tut so vieles für Katniss. Und Gale hat auch seine Werte. So weigert er sich zum Beispiel, die Spiele am Bildschirm mitzuverfolgen.

Aber mit dem Aufstand und den Kampfhandlungen verändert sich Gale. Und als am Ende von Band drei Katniss' Schwester stirbt, weil sie aufgrund einer trugreichen und hinterlistigen Falle einem Bombenattentat der Aufständischen zum Opfer fällt, wendet sich Katniss ganz von Gale ab. Sie wendet sich ab, weil Gale die Idee für die Falle geliefert hat. Er hat so menschliche Grundwerte verraten; das kann Katniss nicht hinnehmen. Aber vielleicht hat auch Gale sich abgewendet, weil er Scham und Schuld empfindet Katniss gegenüber.

Und so leidet auch Gale. Er leidet, weil er Schuld trägt. Und dies, obwohl seine Absicht gut war, aber von andern missbraucht wurde. Und zwar nicht vom Gegner, sondern von den eigenen Verbündeten.

7.4 Haymitch Abernathy

Haymitch ist Mentor und betreut in den Hungerspielen die Tribute aus Distrikt 12. Seit er selbst die Spiele mal gewonnen hat, muss er jährlich als einziger noch lebender Sieger miterleben, wie seine Schützlinge in der Arena abgeschlachtet werden. Um dieser seelischen Marter zu entgehen, trinkt Haymitch viel und wird zum Alkoholiker. Er hat längst erkannt, dass er für seine Tribute nichts tun kann; diese sind zu schwach und bringen weder den Willen noch die Persönlichkeit mit, die es bräuchte, um in der Arena zu überleben.

Aber bei Katniss ist es anders! Diese hat etwas. Und sie kann Bogen schiessen. Gleichzeitig ist da Peeta, der alles tut, um dem Team 12 beste Karten zuzuspielen.

Und so erwacht in Haymitch Hoffnung. Hoffnung, die sich auf Werte abstützt, die Gerechtigkeit und Menschenrechte hochhalten.

Diese Werte schien Haymitch schon früh in sich zu tragen. Denn als er selbst in der Arena war, hat er dank Intelligenz, List und Wille überlebt – nicht wegen Mordlust und Abgebrühtheit.

Dennoch leidet Haymitch. Er leidet daran, dass man ihm sein Leben über Zumutung ungeheuerlicher psychischer Qualen genommen hat. Und darum legt Haymitch sein

Schicksal in die Hände des Spotttölpels. Und es ist Haymitch, der versteht, warum der Spotttölpels als Propagandamittel funktioniert. Er versteht ihn, weil er Katniss als Mensch in ihren Sorgen und Nöten fühlen und verstehen kann…

… weil er gelitten hat; so wie Katniss auch – in der Arena und danach…

7.5   Präsident Coriolanus Snow

Präsident Snow wird uns als überlegter, ruhiger und ehrwürdiger Präsident vorgestellt. Aber wir nehmen ihn als Diktator und Unmensch wahr. Obwohl sich Snow immer gradlinig und berechenbar verhält.

Aber da ist etwas. Snow verbirgt ein Geheimnis. Er verbirgt es seit seiner Jugend. Es ist die Scham dafür, dass seine Familie Ruhm, Macht, Reichtum und Ehre im Krieg verloren hat.

Wir wissen das dank dem vierten Band; (ein Meisterwerk in den Augen des Autors!). Denn dieser vierte Band erklärt uns, aus welchen Nöten, Sorgen und Ängsten Snow zu dem geworden ist, was er eben ist. Ein durchtriebener, eiskalt kalkulierender und höchstintelligenter Machthaber, der sich über Jahrzehnte unangefochten in führender Stellung eines bröckelnden Staates halten konnte.

Gift ist die Waffe Snows. Gift, das nicht nur Menschen umbringt, sondern auch ihre Werthaltungen und ihre Psyche vergiftet.

Snow hat gelitten und leidet – bis die Wut des Pöbels ihn umbringt und auf die Weise erlöst, durch welche er selbst Leiden verursacht hat. Snow leidet an der Ungerechtigkeit, die er über Willkür und Intrige über sein Volk gebracht hat, und die ihn schliesslich selbst ereilt…

7.6 Alma Coin

Alma Coin ist die Anführerin der Aufständischen in Distrikt 13. Sie ist klug, kühl und schwer einschätzbar.

Sie steht Katniss skeptisch gegenüber. Wir wissen lange nicht weshalb. Erst als Coin sich nach dem Sieg der Aufständischen als Präsidentin ins Spiel bringt, wissen wir es: Sie kann der Versuchung nach Macht nicht widerstehen. Und ihre Werte reichen nicht so weit wie diejenigen von Katniss und anderen Aufständischen, die für die Sache, nicht für den Selbstzweck gekämpft haben.

Und so kommt es, dass Coin ihren Charakterschwächen erliegt und zum Opfer fällt. Denn sie wird von Katniss in aller Öffentlichkeit in schon fast zeremonieller Weise mit einem Pfeil erschossen. Sie wird erschossen, weil sie in den Augen von Katniss noch weniger Werte vertritt als Snow. Denn Snow hat die Regelung der Hungerspiele übernehmen müssen. Coin hat die Hungerspiele nicht abschaffen, sondern abändern und wieder einführen wollen.

Ob Coin gelitten hat? Das wissen wir nicht. Noch nicht. Denn es wird gemunkelt, dass Coin als Kind unter dem Namen *Lucy Gray* bekannt gewesen sein könnte. Falls dem so wäre, dann würden wir sie kennen. Und wir würden wissen, DASS sie gelitten hat…

7.7 Plutarch Heavensbee

Wohl kaum ein Charakter kam dem Autor widerwärtiger vor als *Plutarch Heavensbee*. Und zwar in dem Moment, wo er Katniss und Peeta auf dem Ball als neuer oberster Spielemacher vorgestellt wird.

Was für ein Unmensch meldet sich freiwillig für diesen Posten? Welches Selbstdarstellungsbedürfnis bringt jemanden dazu, Jugendliche in einer Arena zum Vergnügen der Zuschauerschaft bis zum Tode zu quälen und einander auf möglichst attraktive Weise abschlachten zu lassen?

Nun, Plutarch scheint dem Kapitol treu ergeben zu sein. Aber ein Konstrukt wie das Kapitol, das auf Scheinwelten abstellt, läuft ständig Gefahr, selbst hinter einer Scheinwelt zu leben. Und es scheint, als wäre Plutarch dafür geboren, Scheinwelten zu inszenieren.

Im Laufe von Band zwei erfahren wir, dass Plutarch bereit dazu ist, für Gerechtigkeit sein Leben aufs Spiel zu setzen. Und wenn uns eine Einflussperson der Aufständischen niemals enttäuscht hat, dann war es Plutarch. Er wird zum Drahtzieher und Angelpunkt der Rebellion.

Ob Plutarch gelitten hat? Ziemlich sicher ja. Sonst hätte er nicht sein Leben riskiert und den Aufstand zu seiner Lebensaufgabe gemacht. Und falls er nicht gelitten hat, so hat zumindest sein Darsteller im Film gelitten…

***

Es gäbe noch viele spannende Charaktere zu behandeln in der ganzen Geschichte um Panem. Welche Rolle kommt zum Beispiel Snows Jugendfreund *Sejanus Plinth* zu? Wäre dieser in Sachen menschlicher Werte nicht unser oberstes Vorbild?

Was ist mit *Lucy Gray*? Ist sie vertrauenswürdig oder eine Schlange?

Was ist mit all den Helden, die im Kampf gegen die Vormacht des Kapitols ihr Leben gegeben haben?

Was ist mit *Tigris*, die ihren Cousin Coriolanus Snow davon abhalten wollte, zum kalten Unmenschen zu werden?

Womit hat *Effie Trinket*, die Betreuerin von Katniss, in den Hungerspielen zu kämpfen? Hin- und hergerissen zwischen zwei Welten und zwei Weltanschauungen?

Wenn die Hungergames in einem überzeugen, dann im Tiefgang ihrer Charaktere. Wer Personen dermassen fassbar und einzigartig erschaffen und skizzieren kann, der ist wahrlich ein grosser Beobachter und Kenner der menschlichen Natur; Respekt, Frau Suzanne Collins!!!

8   It's all the same again

Wenn Suzanne Collins die Charaktere in ihrer Geschichte so ausführlich und mit Kalkül gewählt und beschrieben hat, dann nur, weil sie die menschliche Psyche sehr gut kennt.

Aber Suzanne Collins kennt nicht nur die Menschen, sondern auch die Geschichte der Menschheit. Denn nur so ist es möglich, in die Hungergames so viele Anspielungen, Parallelen und Vergleiche hineinzupacken, dass die Leserschaft immer wieder Déjà-Vus erlebt.

Ja, es ist immer wieder dasselbe!

Haben wir es in der Weltgeschichte nicht bereits zu oft erlebt, dass aus Revolution, Aufstand und Krieg das nächste Gewaltregime erwachsen ist?

Werden nicht immer wieder die Kleinen und Unschuldigen von den Mächtigen und Reichen ausgenutzt und ihre Rechte mit Füssen getreten?

Verfallen nicht immer wieder gutgläubige Menschen den Verführungen und werden selbst zu Monstern, welche sie vorher noch so verabscheut haben?

Ist es nicht wieder der Selbstvorteil, der dem Blühen der Menschheit in Selbstlosigkeit und Nächstenliebe im Weg steht?

How many roads must a man walk down?

Zogen einst fünf wilde Schwäne...

Sag mir wo die Blumen sind…

How many Tears…

Und wenn wir erkannt haben, dass die Hungergames auf das immer Wiederkehrende anspielen, dann wollen wir das Werk würdigen, in dem wir nach diesen Anspielungen suchen. Ganz im Wissen, dass dieses Buch hier niemals alle finden kann. Aber die Leserschaft als Gemeinschaft kann alle finden. Vielleicht kann das nächste Kapitel dazu den Anfang machen.

9 Das Setting

Die Tribute von Panem spielen in einer fiktiven Welt, und es handelt sich um eine erfundene Geschichte. Somit können und dürfen keine realen Vergleiche mit der Wirklichkeit gemacht werden. Und dieses Buch hier tut dies auch nicht. Es weisst nur auf unverbindliche Ähnlichkeiten hin, die aber niemals anschuldigend oder verurteilend gemeint sind. Es geht lediglich darum, im Sinne der Menschlichkeit das Augenmerk der Leserschaft auf mögliche Sachverhalte zu lenken, auf dass diese sich ihre Gedanken dazu machen und in ihrer Persönlichkeitsentwicklung davon profitieren kann.

Es geht um das Erkennen von ungeschriebenen Gesetzmässigkeiten anhand eines fiktiven Beispiels. Es geht um Inspiration im Denken, die zum Erkennen von Zusammenhängen führen kann. Aber alles ganz ohne Verurteilung, weil eben der Bezug auf reale Situationen und Sachlagen unmöglich ist.

9.1 Historische Bezüge

Antike – In den *Hungergames* nimmt vieles Bezug auf die Antike. Am offensichtlichsten sind wohl die Namen der Charaktere, die mehrheitlich lateinisch sind und in Römischer Geschichtsschreibung und lateinisch philosophischer Literatur gefunden werden können. Aber die Autorin erlaubt sich ab und zu gewollt oder ungewollt ein kleines Spässchen. So gilt zum Beispiel *Seneca der Jüngere* als grosser Römischer Philosoph, während

Seneca Crane als oberster Spielemacher alles anders als philosophisch denkend dargestellt wird.

Aber der Bezug zur Antik besteht wohl vor allem über die Hungerspiele selbst und das Kämpfen von Menschen gegeneinander und gegen Tiere in einer Arena. Und dies zur Unterhaltung und Belustigung von Zuschauern.

Eigentlich würden wir doch denken, dass wir diese archaischen Zeiten schon längst hinter uns hätten. Collins aber will uns eines Besseren belehren. Und so mischt sie das Edle der Antike mit dem Niederen und Triebhaften und holt es aufpoliert, ähnlich wie die Renaissance es uns vorgezeigt hat, wieder in unsere Welt. Und siehe da: So weit weg von Spielen um Leben und Tod sind wir noch gar nicht. Nur nennen wir die Kämpfer nicht mehr Gladiatoren, sondern Athleten. Aber wenn jemand mit über hundert Sachen die Skipiste herunterbrettert, dann riskiert er ja auch zur Unterhaltung der Zuschauer sein Leben. Und wenn im Boxring das Blut spritzt, dann gehen auch da zwei Menschen mit Gewalt aufeinander los. Schön, dass man da heute auch nach Punkten oder über einen Knock-out gewinnen kann und nicht bis zum bitteren Ende kämpfen muss…

Der Bezug zur Antike dürfte also vergleichender und ermahnender Natur sein. Und er zeigt uns auch auf, dass die Menschheit jederzeit wieder in Rückständigkeit verfallen kann, selbst wenn sie sich für extravagant hält.

Weltkriege – Besonders in den Filmen, und besonders in Distrikt 12 und 13 dürften Erinnerungen an die beiden Weltkriege wach werden: Zerbombte Städte, mittellose und hungernde Menschen, Not und Sorge nach der Zerstörung, fehlender Mut für den Wiederaufbau…

Aber die ganze Geschichte von Panem erinnert irgendwie an die weltumspannende Tragödie nach den Weltkriegen.

Ist der Zweite Weltkrieg nicht auch irgendwie aus den für die Bevölkerung nicht tragbaren Konditionen aufgrund von Schuldzuweisung und erdrückend hohen Reparationszahlungen mitentstanden? Und wurde nicht nach dem Zweiten Weltkrieg ein *New Deal* versprochen, um den Ungerechtigkeiten zwischen Arm und Reich entgegenzuwirken? Was ist daraus geworden?

Dann, wenn eine Gesellschaft völlig am Boden liegt, kann die Wirtschaft wieder erblühen und der Kapitalismus – aber auch die Humanität – aus den Trümmern neu erwachsen. Aber braucht es dazu wirklich die Zerstörung und das Elend des Krieges?

Und was, wenn der Wiederaufbau nicht so stark unterstützt wird wie in Europa? Was ist mit den anderen Kriegsschauplätzen auf unserer Welt, wo gekämpft, zerstört und getötet wurde, und wo die Armeen danach wieder verschwunden sind und das Volk und das Gesellschaftssystem allein mit sich und der Zerstörung zurückgelassen haben?

Ja, solche Gedanken können aufkommen, wenn man mit einem geschichtlichen Auge auf die Geschehnisse in Panem blickt.

Nationalsozialismus – Was wäre gewesen, wenn das Nazi-Regime gewonnen hätte? Wäre aus dem Dritten Reich ein Panem entstanden?

Wir wollen uns solche Fragen nicht stellen, denn einer menschenverachtenden Weltanschauung soll kein Nährboden gewährt werden.

Aber dass gewisse Inhalte und vor allem Inszenierungen in den Filmen auf autoritäre Machenschaften und faschistische Mittel zurückgreifen, fällt jedem auf, der den Symbolismus und den Führungsstil rechtspopulistischer Regime etwas genauer beobachtet hat.

US-Amerikanische Machenschaften – Haben wir es in Panem mit Distrikten oder mit Kolonien zu tun?

Die Antwort auf diese Frage lässt viele Hypothesen zu. Und es ist kein Geheimnis, dass die USA – ursprünglich selbst mal Kolonie – über Aussenpolitik Dinge vollführt hat, die wir in der Geschichte Panems auch wieder antreffen.

Eine Vorzeigedemokratie kann, wenn man hinter den Schleier der Scheinwelten blickt, viel mehr an eine Diktatur erinnern, als dass man vorerst denken würde.

Aber jeder sieht, was er sehen will.

Darum hier nur ein paar rhetorische Fragen:

- Was ist mit der Rassengleichheit?
- Was ist mit den Menschenrechten?
- Wie sieht es aus mit Zäunen, Einwanderung und Chancengleichheit?
- Wie weit liegen die sozialen Segmente der Bevölkerung auseinander?

- Wie gross ist die Bereitschaft zur Anwendung von Waffengewalt und zu Kriegshandlungen?
- Wie verbissen werden Ressourcen, Vorrechte und gesellschaftliche Stellungen verteidigt?
- Was passiert mit politischen Gegnern?
- Was ist man bereit, über Propaganda und Manipulation alles zu beeinflussen?
- Muss man sich vor sozialistischen Einflüssen fürchten? Wenn ja, weshalb wohl?
- Und was ist mit dem menschlichen Individuum an sich? Darf es bestehen, oder ist es nur Teil einer arbeitenden und konsumierenden Masse, die das System am Laufen hält?

Nein, diese Fragen betreffen nicht nur die USA. Aber Panem liegt in den ehemaligen USA. Und die USA sind halt nun mal so gross, dass sie grosse Möglichkeiten und somit auch grosse Macht haben. Und bereits *Spiderman's* Onkel *Ben Parker* sagte: «*Mit grosser Macht geht grosse Verantwortung einher.*»

9.2 Das Regierungssystem

Viele Regime sind mal als Monarchie gestartet, wurden über Aufstände und Umstürze zu Republiken und verkamen dann auf unerklärliche Weise schleichend, aber trotzdem plötzlich zu Diktaturen.

Und was ist mit Panem?

In Panem ist alles gut. Aber nur so lange, bis man hinter die Kulissen blickt.

Wo ist die Demokratie? Und wo sind die Errungenschaften der Demokratie?

Sie wurden aufgrund des Notrechts nach dem Krieg irgendwie etwas zurückgestellt. Aber diese Rückstellung dauert in den Distrikten Jahrzehnte an…

Und wie sieht es in unserer Welt in heutigen demokratischen Staat aus? Sind diese wirklich demokratisch, oder handelt es sich um eine Scheindemokratie? Und falls ja, ist es eine Scheindemokratie, die in Richtung Diktatur abrutscht, oder ist es eine Scheindemokratie, in der die Bürger wählen dürfen, wo aber das Establishment hinter dem Rücken der Wähler die Fäden schon längst gezogen hat, so dass alles so bleibt, wie es schon immer war?

In Panem gibt es sie, die Mächtigen, Reichen und Einflussstarken. Und sie dürften wohl der Grund dafür sein, dass Katniss in ihrer Freizeit Eichhörnchen jagt, währenddem im Kapitol die gelangweilten Einwohner nicht auf die Fasnachtszeit oder die Fussballweltmeisterschaft warten, sondern auf die nächste Lieferung Gladiatoren aus den Distrikten.

Ja, eine verkehrte und verworrene Welt aus Wirklichkeit und Horrorszenarien. Aber alles aus der Geschichte gegriffen. Alles schon mal gehabt…

9.3 Kapitalismus

Wie genau funktioniert der Kapitalismus? Nach den Gesetzen der freien Marktwirtschaft? Nach Angebot und Nachfrage?

In der schönen und edelmütigen Scheinwelt schon. Aber wer etwas genauer hinblickt, der hat den Kapitalismus schon im *Dreieckshandel* im Zeitalter des Imperialismus durchschaut: Billiggüter aus Überproduktion der industrialisierten Staaten Europas auf den neuen Markt in Afrika. Slaven von Afrika auf die Plantagen der neuen Welt nach Amerika. Und Rohstoffe aus Amerika in die Fabriken der Industriestaaten Europas.

Denn hinter den Scheinwelten des Kapitalismus gibt es immer Unterdrückung und Ausbeutung. Irgendwo sind sie immer zu finden, die Fabrikarbeiter und Gastarbeiter, die die Arbeit erledigen, die sonst niemand erledigen will. Und nur solange diese Menschen nicht gleichberechtigt sind, sind sie bereit, den Müll der Gesellschaft wegzuräumen und die Tränen derer aufzuwischen, die sich für Menschenrechte eingesetzt haben, dabei aber in ihrer Persönlichkeit und Existenz vom System kaputtgemacht und zerstört wurden.

In einem Roman gibt es keine Zensur. In der realen Welt gibt es sie über Manipulation, Propaganda und das Errichten von Scheinwelten.

Und die Wut, die in den Distrikten wegen der Ungerechtigkeit der Hungerspiele aufflammt und immer wieder unterdrückt wird, ist nur eine Extremdarstellung dessen, was menschlich denkende und zivilisierte Menschen täglich in den Nachrichten ansehen müssen. Aber das ist noch lange nicht so schlimm wie die wahre Realität, die man antreffen würde, wenn man vor Ort mit den hungernden Kindern und den weinenden Müttern leben müsste.

9.4 Kolonialismus

Im Zeitalter des Kolonialismus haben vornehmlich europäische Staaten Gebiete in Übersee mehr oder weniger gewaltsam besetzt und zur Produktion von Rohstoffen und Kolonialgütern genutzt. Dabei wurde mit der einheimischen Bevölkerung nicht gerade zimperlich umgegangen.

Diese Zeit liegt an die zweihundert Jahre zurück. In Panem aber, das in der Zukunft spielt, treffen wir die gleichen Elemente wieder an. Nur spricht man nicht von Kolonien, sondern von Distrikten. Aber der Umgang mit der Arbeiterschaft ist mehr oder weniger derselbe.

Wir stellen uns da die Frage, weshalb sowohl Ressourcen wie auch Menschen ausgebeutet werden müssen. Wohin kommt all das, was erarbeitet wurde und Wertschöpfung bringt? Was geschieht mit dem Geld, das für die Güter bezahlt wird?

Irgendwie hat Kolonialismus über Produktion, Fertigung und Handel schon immer die Möglichkeit geboten, dass Ressourcen und Gelder aus einem Gebiet, das von diesen im Interesse aller profitieren könnte, abfliessen und irgendwo auf geheimen Konten versickern. Und urplötzlich treten Oligarchen und einflussreiche Familien auf den Plan, von denen nicht immer klar ist, woher ihr unermessliches Vermögen stammt.

Die *Hungergames* dürften uns aufzeigen, dass an dem Geld, das über annektierte und streng kontrollierte Gebiete abgeschöpft wird, das Blut derer klebt, die ihre

Namen für Essen in den Topf der Erntezeremonie
einwerfen.

9.5 Medien

Es gab eine Zeit, wo das Radio und bald darauf das
Fernsehen erfunden wurde. Und in dieser Zeit erlebte
unsere Welt zwei verheerende Kriege.

Besteht da ein Zusammenhang?

Und was haben *Bodycounts* im Vietnamkrieg und die
Kriegsberichterstattung in den heutigen Medien damit zu
tun?

Nun, Medien ermöglichen es, grosse Massen zu
erreichen. Und diese Tatsache wiederum macht es
möglich, diesen Menschenmassen nur die Informationen
zukommen zu lassen, die gut sind für jemanden.

Bereits im Mittelalter hatte die katholische Kirche das
Monopol auf Kommunikation und
Informationsverbreitung: Über den Glauben wurden die
Menschen dazu angehalten, sonntäglich den Gottesdienst
zu besuchen, damit man ihnen dort das sagen konnte, was
sie hören und glauben sollten. Und bezogen hat man sich
immer auf das Buch Gottes, und dieses war in einer
Sprache geschrieben, die niemand verstanden hat, ausser
die katholischen Kirchenvertreter.

Heute, wo die Säkularisierung dazu geführt hat, dass
Informationsverbreitung nicht mehr über die Kirche
vonstattengeht, nutzt man zu gleichen Zwecken die
Medien. Über die Quellen der Informationen herrscht

aber sehr oft Unklarheit. Und jeder Historiker und Politexperte weiss, dass jede Information einer subjektiven Prägung unterliegt. Also sind Medienberichte niemals objektiv. Was jetzt, wenn man obendrein noch manipulative und propagandistische Inhalte einstreut?

Auch hier könnten zwischen Panem und dem Nazi-Regime wieder Parallelen gezogen werden.

Aber in Panem nutzen ja sowohl das Kapitol wie auch die Aufständischen die Medien zu unlauteren Zwecken.

Wir können für uns daraus lernen, dass wir alles, was über die Medien an Informationen zu uns gelangt, kritisch überdenken sollten. Hat da jemand Interesse daran, dass gewisse Dinge geglaubt und spezifische Information nicht an die Öffentlichkeit gelangen?

Sind die Medien das Mittel schlechthin, um Scheinwelten zu projizieren?

9.6 Übertriebenheit

Wir kennen es aus den Medien: unendlich viel Glanz und Glamour. Inszenierungen von banalen Sachverhalten in einem Studio, so dass diese bei den Zuschauern zuhause pompös, grandios, geheimnisvoll oder sonst wie hinüberkommen und die Emotionen in Wallungen versetzen.

Wer aber schon mal in einem solchen Fernsehstudio war, der hat gesehen, dass alles geplant, abgesprochen und inszeniert ist. Das Publikum wird nur in leichter Sommerkleidung eingelassen, obwohl es draussen tiefster

Winter ist. Aber es braucht Sommerkleidung, weil die produzierte Sendung erst im Sommer ausgestrahlt wird. Aber das Publikum wird ja ohnehin nur in die Sendung eingeladen, damit es klatscht, dann, wenn eine Anzeige es dazu auffordert.

Und so wie bei Hitlers Reden Claqueure organisiert für Begeisterung, Jubelrufe und Beifall gesorgt haben, unterliegt heute ein jeder Medienbeitrag einer übertriebenen Begeisterung, die aber nur inszeniert ist, jedoch trotzdem beim Publikum seine Wirkung erzielt.

In Panem erleben wir dieses Phänomen insbesondere in Zusammenhang mit den Hungerspielen. Vorher, während und nach den Spielen wird in übertriebener Übertriebenheit etwas Grosses aus dem gemacht, was die Menschen doch eigentlich erschüttern und in Empörung weinen lassen sollte.

Aber nicht nur das. Im Kapitol selbst erleben wir immer und überall eine grosse Übertriebenheit. Wir finden sie beim Essen, bei Bauten, in der Mode und im Umgang untereinander.

Übertriebenheit ist das, was den Kontrast zwischen dem Kapitol und den Distrikten derart krass erscheinen lässt.

Und wenn wir ehrlich sind: Die ganze Idee, auf die die *Tribute von Panem* aufbauen, basiert auf Übertriebenheit.

Wo gibt es in unserem Leben überall Übertriebenheit? Wo glauben wir gewollten Inszenierungen, die nur Ablenkung, Unterhaltung oder manipulierende Meinungsbildung zum Ziel haben?

Die Hungerspiele in Panem stellen auf die Gladiatorenkämpfe im alten Rom ab, wo einerseits trainierte und ausgebildete Kämpfer gegeneinander oder gegen, andrerseits, verurteilte Verbrecher, Regimekritiker oder sonst welche Menschen kämpften, die der Regierung nicht ins Konzept passten. Und weil es wenig Spass macht zuzusehen, wie ein Gladiator einen friedfertigen Anhänger des Christentums niedermetzelt, hat man diesen Gläubigen lieber von hungrigen Raubtieren zerfleischen lassen. Hauptsache, das Volk ist unterhalten.

Aber jegliche Art von Festlichkeiten und Wettkämpfen verfolgen eben auch noch andere Zwecke. Natürlich dienen sie zur Unterhaltung und Ablenkung der breiten Massen. Aber die Frage ist doch, wovon sie ablenken. Und eine weitere Frage könnte auch noch sein, was die Anlässe im Unterbewusstsein der Menschen bewirken.

In Panem wurden die Hungerspiele eingeführt, um die Bevölkerung in den Distrikten jährlich zu ermahnen, dass es nur einen Präsidenten gibt, und dass diesem Gehorsam gezollt wird. Somit nehmen die Tribute die Rolle eines Opfers ein, das für den Erhalt einer Einrichtung, einer Sache erbracht wird.

Da aber jeder Bürger in den Distrikten selbst betroffen ist oder mal betroffen war, hat jeder die Angst gefühlt, selbst zum Opfer werden zu können. So etwas muss als systematischer Terror betrachtet werden.

Und indem man die Sieger mit Reichtümern überschüttet und ihnen unendlichen Ruhm zukommen lässt, erschafft man wiederum Manipulation und Ablenkung. Denn jeder Sieger wird vom Regime an der kurzen Leine gehalten. Pariert er nicht, so wird er über gewaltsame Mittel dazu gebracht; meistens, indem seine Angehörigen behelligt werden. Denn wenn man dem Sieger aufgrund seines Bekanntheitsgrades nichts mehr direkt anhaben kann, dann hat er doch zumindest Menschen, die er liebhat.

Aber bei den Hungerspielen geht es immer auch um ein winzig kleines Fünkchen Hoffnung. Denn, falls man die Hungerspiele gewinnen würde, so könnte man auf einen Schlag reich und berühmt werden.

Leute, die in ihrem Leben nichts zu verlieren haben, könnten dieser Hoffnung erliegen. Aber auch Leute, die so stark hinter einer Scheinwelt leben, dass sie im Töten von Mitmenschen kein Problem sehen, könnten sich freiwillig melden und ihre Chance nutzen wollen.

Erinnert uns das nicht an Spitzensportler aus kommunistischen Ländern in der Zeit des Kalten Krieges? In einem sozialistischen Land sind alle gleich. Wer aber eine Weltmeisterschaft gewinnt, der kann dieser Gleichheit entrinnen... Indem er für ein Land einen Scheinkrieg auf anderem Parkett führt...

***

Wir haben bisher nur über Sinn und Zweck der Hungerspiele gelesen. Aber was ist mit den Nebenwirkungen? Wie viele Kinder in den Distrikten wachen regelmässig in der Nacht schweissgebadet und von Albträumen gepeinigt auf? Wie viele Eltern fürchten, ihr geliebtes Kind zu verlieren und zusehen zu müssen, wie es erbarmungslos aus dem Selbsterhaltungstrieb anderer oder gar aus niedereren Motiven heraus abgeschlachtet wird?

Sind wir uns bewusst, wie sehr solche Machenschaften unsere Bedürfnisse nach Sicherheit, sozialem Zusammenhalt, Achtung und Selbstverwirklichung einschränken oder gar vernichten würden?

Wenn wir in den Büchern und Filmen die Spannung dessen geniessen, was in der Arena geschieht, werden wir selbst zum Mittäter.

Ist so etwas legitim?

Wenn wir unsere Lehren daraus ziehen und uns danach für mehr Wahrheit und Gerechtigkeit einsetzen, dann ja. Aber wohl nur dann. Denn ansonsten würden wir den Beweis dafür liefern, dass unsere Werthaltungen nicht über diejenigen der Zuschauer in der Geschichte selbst hinausreichen.

9.8 Der Wert der Seele

Kurz bevor die ersten Hungerspiele beginnen, kann Katniss nicht schlafen und geht deshalb durch die Penthouse-Wohnung, wo sie am Fenster sitzend Peeta antrifft. Sie setzt sich zu ihm und sie führen ein tiefgründiges Gespräch. Es dürfte sich dabei um eine der bedeutsamsten Stellen der ganzen Buchreihe handeln:

Peeta erklärt Katniss, während die Massen draussen auf den Strassen bis tief in die Nacht feiern, schreien und trinken, dass er Angst habe, sich selbst zu verlieren:

«Ich wünsche mir nur, mir würde etwas einfallen, wie... wie ich dem Kapitol zeigen kann, das sie mich nicht besitzen. Dass ich mehr bin als eine Figur in ihren Spielen.»

Peeta möchte immer noch er selbst sein, wenn er bald sterben muss.

Aus diesem Wunsch heraus, können und dürfen wir lesen, dass sich Peeta seiner Individualität und seiner Einzigartigkeit als Seele bewusst ist. Aber er fürchtet, dass ihm seine Seele, also sein innerstes Selbst auch noch genommen werden könnte, nachdem man ihm bereits nach dem Leben trachtet.

Dann, wenn ein Regime den Menschen ihre Seele stehlen will, damit diese nur noch funktionieren und vegetieren, aber nicht mehr leben und lieben können, dann haben wir es mit etwas vom Schlimmsten zu tun, was es für uns geben kann. Denn dann, wenn die Integrität eines Lebewesens derart verletzt wird, kann für nichts mehr garantiert werden. Dem ist so, weil die Nächstenliebe verlorengegangen ist. Und dort, wo es keine Liebe mehr gibt, kann das Gute kaum mehr seine helfende Hand reichen.

Vieles in Panem – aber auch in unserer Welt – neigt dazu, nach unserer Seele zu trachten. Wir selbst bestimmen über unsere Werte und Ideale, ob wir dies zulassen oder nicht.

Wenn wir bis zum Schluss zu uns selbst stehen, so stehen wir auch bis zum Schluss für die Menschlichkeit ein.

Dann, wenn wir das Göttliche in uns und unseren Mitmenschen preisgeben, verlieren wir alles. Wir verlieren alles, weil wir uns als Seelenwesen verkennen.

10 Aufbau der Geschichte

Die Geschichte der *Tribute von Panem* besticht durch ihre inhaltliche Kohärenz, ihre Spannung, die unerwarteten Wendungen und die vielen Bezüge.

Während die ersten drei Bände chronologisch aufgebaut sind und in dystopischer Manier eine abschreckende, aus unserer Sicht keinesfalls wünschenswerte Zukunft und Gesellschaftsform kreieren, erschien im Nachgang dazu ein vierter Band, der in geschickter Weise ein Prequel ist, welches uns sehr viel mehr Hintergründe über Panem und Präsident Snow vermittelt.

Der Autor erachtet diesen vierten Band als wichtige und fundamentale Aufwertung von all dem, was bereits in den ersten drei Bänden in herausstechender Qualität und kunstvoller Manier erschaffen wurde. Warum, das soll in den nachfolgenden Unterkapiteln erklärt werden.

Vorerst aber soll hier noch kurz festgehalten werden, in welcher Weise die einzelnen Bücher der Buchreihe behandelt werden sollen:

Der Autor geht davon aus, dass die Leserinnen und Leser dieses Buches hier die Hungergames-Bücher oder Filme kennen. Darum verzichtet er auf Inhaltswiedergaben und Zusammenfassungen. Er möchte die Akzente mehr auf Werkbetrachtung und Interpretation legen. Aber auch dies nur, um dadurch unsere eigene Welt aus erweiterten Möglichkeiten heraus beobachten und verstehen zu lernen. Es soll also nicht um Inhalte epischer Natur gehen, sondern um all das, was mit der Erzählung einhergeht, und uns helfen kann, uns selbst in unserer Persönlichkeit und unserem Charakter zu entwickeln. Also einmal mehr ein weiteres Puzzleteil, das zu unserer Selbstermächtigung selbstloser Art beitragen helfen könnte.

10.1 Die vier Bände

Jeder der vier Bände endet so, dass zwar noch etwas Hoffnung ist, dass aber die grosse Euphorie wegbleibt. Und so kommt die ständig wirkende, düstere Stimmung zum Abschluss, die während der ganzen Erzählung immer über den Geschehnissen hängt.

Der Grund, weshalb wir dennoch immer weiterlesen, ist einerseits unser Mitempfinden mit den Romanfiguren, andrerseits unser Verlangen nach erlösender Harmonie und nach Frieden jeglicher Art.

Es ist also unsere Hoffnung, die gepaart mit unseren teilweise heftigen Gefühlserregungen die Lektüre vorantreibt.

Ab und zu erfährt unsere ständig anhaltende Anspannung etwas Erleichterung. Und zwar dann, wenn wir mit unseren Protagonisten kurz etwas Ruhe, Luxus oder Geborgenheit erleben dürfen. Aber alles in allem leiden wir. Wir leiden, um hoffen zu dürfen, dass es besser kommt.

Auf dem Weg, den wir in den Büchern gehen, erleben wir Sympathien und Antipathien. Diese können im Verlauf der einzelnen Bücher und über die ganze Geschichte gesehen ändern – teilweise mehrmals.

Dass wir Menschen niemals aufgrund des ersten Eindrucks beurteilen sollten, wird uns immer wieder vor

Augen gehalten. Am meisten wohl dann, wenn wir im vierten Band Mitgefühl und Verständnis für den jungen Coriolanus Snow empfinden und erfahren.

Also werfen wir uns in die einzelnen Bände, damit dies in erklärender Weise unserem Verständnis zuträglich sein möge.

10.2 Band 1

Tribute von Panem – Tödliche Spiele, also Band 1 der Buchreihe, etabliert für uns das ganze Setting. Katniss nimmt uns mit und zeigt uns auf, wie es sich in Panem lebt. Und zwar zuerst als ein Niemand, dann als vom Schicksal erwählte oder verdammte Figur im prägendsten Jahresevent, welches die Gesellschaft von Panem zu bieten hat – eben den Hungerspielen.

Der erste Band zielt also darauf ab, uns über die Geschichte eintauchen zu lassen in die Eigenheiten, Tiefen und Abgründe einer Gesellschaft, ihre Gepflogenheiten und Traditionen. Und über unsere Identifikation mit gleich mehrerer Charakteren, in die wir uns mühelos hineinversetzen können.

Und so fiebern wir mehrere hundert Seiten lang mit und hoffen, auf dass Katniss überleben möge. Innerlich stellen wir uns auf Verluste ein, denn dies verlangen ja die Regeln der Hungerspiele. Aber trotzdem hoffen wir ständig, es möge doch etwas geschehen, auf dass es gut komme.

Es kommt gut, am Ende von Band 1: Katniss und Peeta überleben entgegen allen Vorzeichen beide. Es kommt aber nur gut, um kurz darauf noch schlimmer zu kommen.

10.3 Band 2

In Band 2, *Tribute von Panem – Gefährliche Liebe*, erfahren wir bereits mehr über die Hintergründe der Spiele und können erste Einblicke hinter die Scheinwelt wagen, die Band 1 noch ziemlich durchgehend aufrecht zu erhalten vermochte.

Zwar wurde uns am Ende von Band 1 über Haymitch der Hinweis gegeben, dass das Kapitol gar nicht entspannt sei, wenn man es über angedrohten Selbstmord herausfordere und zum Nachgeben zwinge. Wie gravierend aber die Folgen dieser Handlung sind, erfahren wir in Band 2 erst nach und nach.

Band 2 beginnt wiederum in Distrikt 12. Hier kam es zu gewissen Veränderungen. So leben Katniss mit ihrer Mutter und Schwester, sowie Peeta nun im Dorf der Sieger je in dem Haus, das sie gewonnen haben. Gale muss täglich in die Minen arbeiten gehen und wir fühlen, dass wir versteckt aber deutlich wahrnehmbar beobachtet werden. Dadurch erleben wir, wie es sein muss, wenn wir in einem Kontrollstaat leben: *Big Brother is watching you...*

Vorerst denkt Katniss, so wie wir auch, dass sie aufgrund des Sieges bei den Hungerspielen etwas mehr Möglichkeiten habe; um dann aber nach und nach zu erfahren, dass das Gegenteil der Fall ist. Denn in Panem haben die Folgen von Katniss' Auftritt in der Arena ihre Wirkung: Es brodelt in der Bevölkerung. Und in den Distrikten herrscht eine latente Unruhe.

Das Kapitol geht dagegen an, indem es repressiver handelt und vorgeht. Dies bekommt auch Distrikt 12 zu spüren. Und als ein erhöhtes Aufgebot von Friedenswächtern den Schwarzmarkt zerstört, setzt sich Gale zur Wehr, weil sein Gerechtigkeitsempfinden durch das brutale und unverhältnismässige Vorgehen der Ordnungskräfte verletzt wird. In der Folge davon wird er öffentlich ausgepeitscht, was Katniss auf den Plan ruft, um Gale zu helfen. Der Kommandant aber zeigt wenig Augenmass und schlägt auch Katniss, worauf Peeta sich für Katniss einsetzt. Und weil die Lage jetzt sehr brenzlig wird, und Haymitch dies sofort erkennt, schreitet auch er in deseskalierender Weise ein.

Dieser Auftritt der Sieger gegen die Staatsgewalt, die wiederum ungeschickterweise live im Fernsehen zu Propagandazwecken übertragen wurde, betrachtet das Kapitol als Affront. Und Präsident Snow zieht bereits erste Konsequenzen in Betracht. Entsprechend sucht er Katniss auf, erpresst sie und fordert von ihr, dass sie alles darauf setzt, dass man ihr die Liebesgeschichte mit Peeta aus der Arena abnimmt. Hier, in diesem Moment erkennt sie – und erkennen wir – dass der Arm des Kapitols sehr weit reicht, und dass die Hungerspiele niemals enden; selbst für einen Sieger nicht.

Nach dieser Einleitung dürfen wir Katniss und Peeta auf der Tour der Sieger durch alle Distrikte von Panem begleiten. Leider kommen den beiden wieder ihre Werte und Ideale in die Quere. Sie tun bei den Auftritten in den Distrikten Dinge aus Mitgefühl und Nächstenliebe, so dass dadurch das Kapitol erneut herausgefordert wird. Es kommt zu einer standrechtlichen Erschiessung, wodurch Katniss und Peeta eingeschüchtert werden und sich von da an nur noch streng nach den Vorgaben des Kapitols verhalten. Das weckt natürlich bei den Bewohnern in den Distrikten, aber auch bei der Bevölkerung des Kapitols Unmut und Verdacht. Dieser fordert wiederum das Kapitol heraus, welches sich nun definitiv zum Handeln gezwungen sieht: Es erlässt im Rahmen der 75. Hungerspiele ein Jubel-Jubiläum, welches aus Spielen besteht, in denen die Tribute der Distrikte aus den bestehenden Siegern rekrutiert werden.

Was dem Kapitol dazu dienen soll, seine Macht zu beweisen, die unliebsamen Sieger zu dezimieren und wieder die Kontrolle zu gewinnen, sorgt in der Bevölkerung für sehr viel Unruhe. Denn man nimmt ihnen ihre Helden und Idole weg.

Ja, und dann treten die tragischen, aber etablierten Persönlichkeiten Panems dann eben in der Arena gegeneinander an. Nicht aber ohne vorher ihren Unmut und ihr Ungerechtigkeitsempfinden gründlich kundgetan zu haben. Dazu hatten sie in den üblichen Festaktivitäten genügend Gelegenheit. Und Präsident Snow sieht sich immer mehr in Bedrängnis.

In der Arena erleben wir wieder Nervenkitzel und Spannung. Aber mitten in den Spielen kommt es zu einem abrupten Umbruch: Die Decke der Arena stürzt ein und wir dürfen oder müssen erkennen, dass die ganzen Spiele zum Aufbau eines öffentlichen Komplotts gegen das Kapitol gedient haben. Präsident Snow wurde vom obersten Spielemacher, Plutarch Heavensbee, und dessen Verbündeten hintergangen. Und so wird ein Teil der Tribute aus der Arena gerettet, darunter Katniss und Beetee Latier, und nach Distrikt 13 gebracht, von wo aus der Widerstand gegen das Kapitol geführt wird.

Peeta aber wird mit anderen verbündeten Tributen vom Kapitol gefangengenommen, gefoltert und für Propaganda und Manipulation gegen die Aufständischen eingesetzt.

Nebst dieser Schreckensmeldung erfahren wir über Gale, dass Distrikt 12 vom Kapitol dem Erdboden gleichgemacht wurde – ohne Rücksicht auf die Zivilbevölkerung.

Einmal mehr stehen wir also ernüchtert und entmutigt da. Aber noch hegen wir Hoffnung. Wir hoffen insgeheim auf den Sieg im Kampf gegen die Ungerechtigkeit. Aber eigentlich könnten wir ja wissen, dass es nur noch schlimmer kommen wird. Denn Krieg, das hat uns die Geschichte gelehrt, führt immer zu Leid, Opfern und Tod.

10.4 Band 3

In Band 3, *Die Tribute von Panem – Flammender Zorn,* begleiten wir Katniss als Spotttölpel. Sie ist Galionsfigur der Aufständischen und soll über das Erstellen von Propaganda-Filmszenen dabei helfen, die restlichen Distrikte für den Kampf gegen das Kapitol zu mobilisieren und den Kampfgeist der Truppen des Kapitols zu schwächen.

Aber Katniss gelingt es kaum, im Studio die Wirkung zu erzielen, die man sich von ihr erwünscht. Katniss ist nicht Schauspielerin, sie ist echt.

Und so wird sie in die Distrikte gebracht, wo wir mit ihr die Brutalität des Krieges hautnah miterleben dürfen und müssen.

Die Bollwerke des Kapitols fallen nach und nach. Begleitet vom Lied *Hanging Tree*, welches zur Hymne der Aufständischen wird. Der Krieg nimmt seinen Verlauf, aber unsere Helden sind damit irgendwie nicht glücklich. Sie scheinen zu fühlen, was uns als Leser erst später klar wird: Krieg wird immer aus Interessen heraus geführt, nicht aus Idealen. Denn Krieg braucht Geld und Truppen. Beides kann nicht mit lauteren Mitteln beschafft werden. Und so gehen auch die Aufständischen Bündnisse, Kompromisse und menschliche Eingeständnisse ein, was Katniss und Co ihren Idealen zuwiderläuft.

Schliesslich nutzen unsere Sieger die Möglichkeit, im Kapitol die Dinge ein letztes Mal selbst in die Hand zu nehmen: Sie widersetzen sich dem Befehl der Präsidentin aus Distrikt 13, Alma Coin, und wollen auf eigene Faust Präsident Snow töten, um einerseits Rache zu üben, andrerseits um dem Krieg ein Ende zu setzen. Aber das Kapitol ist mit unzähligen von Fallen versehen worden, so dass der Weg hin zum Regierungssitz selbst zu einer Art dritten Hungerspielen wird.

Wir müssen zusehen, wie unsere Helden und Lieblinge in selbstaufopfernder Weise einer nach dem andern sterben. Wir verlieren alle Hoffnung – genau wie auch unsere Helden.

Und wozu das Ganze?

Nur damit Katniss mit eigenen Augen sieht, dass auch die Aufständischen mit unlauteren, ja, mit menschheitsverachtenden Mitteln kämpfen. Es ist Präsident Snow, der Katniss alles erklärt und verstehen hilft. Und weil Snow immer ehrlich war, glaubt ihm Katniss. Und so richtet sie vor grossem Publikum statt den alten Präsidenten, die neue Präsidentin Alma Coin hin.

Was dann ist? Eben das, was immer nach einem Krieg ist: Trauer, Ernüchterung, Zerstörung, kaputte Seelen und ein erneuter Kampf um Interessen und Vorrechte.

Ob es gut kommt? Das lässt die Geschichte offen. Wir erfahren nur, dass sich Katniss abwendet. Sie lebt ihr eigenes Leben zusammen mit Peeta und ihren Kindern.

Gibt es für uns eine andere Möglichkeit?

Hat Katniss in unseren Augen versagt, oder hat sie mehr getan, als man von einem Menschen verlangen kann?

Wo beginnt es – und wo endet es?

Wo endet es- und wo beginnt es?

Nach dem Band 3 erwarten wir nichts mehr. Wir hoffen auch kaum noch. Aber dann kommt Band 4.

Band 4, *Die Tribute von Panem – Das Lied vom Vogel und der Schlange*, spielt vor den ersten drei Bänden, als Präsident Snow noch ein junger Mann ist und als Mentor bei den 10. Hungerspielen seinen Tribut Lucy Gray aus Distrikt 12 betreut.

Wir lernen Coriolanus Snow als sympathischen, eifrigen aber in Nöten lebenden Studenten kennen, der kurz vor seinem finanziellen und somit auch sozialen Untergang steht. Und wir erfahren, was der Kampf um den Erhalt von Ruhm, Ehre und Ansehen mit einem Menschen machen kann.

Und so werden wir zwischen Liebe, Kalkül, Brutalität, Intrigen, Vertrauen und Misstrauen hin- und hergeworfen, um dann am Schluss erkennen zu müssen, dass der Selbstvorteil stärker ist und über Liebe und Ideale triumphfiert.

Wie bereits gesagt, der Autor wertet den vierten Band als Meisterwerk, weil er uns dabei hilft, uns als Menschen in unseren Beweggründen und Eigenheiten besser verstehen zu lernen. Sollen wir, oder sollen wir nicht? Wo liegen die Möglichkeiten, wo die gesellschaftlichen Grenzen?

Sollen wir es wagen, alles auf unsere Ideale zu setzen? Sollen wir vertrauen?

Oder gehen wir lieber den Weg, der uns vorerst sicherer erscheint, der aber unsere Seele absterben und uns somit nur noch vegetieren lässt, weil wir so den Auftrag unserer Seele missachten und damit uns selbst?

Liebe und Hoffnung können nur wirken, wenn wir mit Leib UND Seele dabei sind. Sobald wir uns dem Irdischen und Materiellen verschreiben, verlieren wir auch das, was unser Leben lebenswert macht…

Kein Wunder ist Snow zu dem geworden, was wir in Band 1 bis 3 von ihm kennengelernt haben. Geblieben sind ihm die Rosen. Aber ihr Duft vermag ihn nicht zu entzücken, weil nur seine Seele ihm dies ermöglichen könnte. Und die Verbindung zu seiner Seele hat Snow in dem Moment abgewürgt, als er angefangen hat Lucy Gray zu misstrauen – und sich stattdessen für seine Karriere zu entscheiden. Eine Karriere, die auf dem Gift der Schlange aufbaut, welches die Psyche vergiftet und die Verbindung zur eigenen Seele zerstört.

Dabei könnte die Schlange doch Erkenntnis bringen. Erkenntnis, die uns als Vogel zum Himmel aufsteigen und singen lässt. Und von oben betrachtet dürften wir dann erkennen, wie kleingeistig und egoistisch wir Menschen doch unser Geschenk des Lebens geringschätzen.

11 Die Verfilmung

Wenn in diesem Kapitel auch auf die Filme der Hungergames eingegangen wird, dann in erster Linie deshalb, weil diese eine grössere Reichweite und wohl auch über all die Effekte eine grössere Wirkung auf die Kinobesucher haben als es die Bücher auf ihre Weise zu tun vermögen.

Bei jedem der bisher fünf Filme handelt es sich um Millionenproduktionen und um Kassenschlager. Aber darum geht es nicht. Es geht vielmehr darum, dass viele Fans der Geschichte jedem Film regelrecht entgegengefiebert haben. Und in der Tat, dieser Meinung ist zumindest der Autor, ist die Verfilmung sehr gut gelungen. Denn die Filme halten sich weitgehend an die Buchvorlagen und übernehmen auch die bedeutenden Inhalte und die typischen Akzente der Geschichte.

Und weil über die Filme nicht nur unsere Vorstellung, sondern auch unsere visuelle und auditive Wahrnehmung bedient werden kann, erleben wir die Hungergames in einer anderen, einer noch intensiveren Form, als wenn wir sie lesen.

Zum Beispiel kann im Film die Rolle von *Cinna*, Katniss' Stylisten aus dem Kapitol, stark aufgewertet werden. Und wir sind ihm dankbar, dass er Katniss vor ihren ersten Spielen in Menschlichkeit zur Seite steht. Empört sind wir, als er vor ihren zweiten Spielen direkt nach der Verabschiedung von Katniss noch vor ihren Augen zusammengeschlagen wird…

Gehen wir in den nachfolgenden Unterkapiteln ein paar Punkte durch, um das cineastische Werk um die *Hungergames* zu würdigen und auf wertvolle Besonderheiten hinzuweisen.

11.1 Gelungen!

Wie bereits gesagt, die Filme sind gelungen! Nicht nur aus kommerzieller Sicht, sondern auch in Bezug auf ihre Wirkung und ihren Unterhaltungswert.

Aber was ist es, was den Erfolg ausmacht?

Es ist mit Bestimmtheit die Geschichte selbst. Denn diese besticht halt nun mal durch ihre Thematik – und sie eignet sich auch hervorragend zur Verfilmung.

Und da bereits das Buch ein grosser Erfolg war, konnte bei der Filmproduktion mit der grossen Kelle angerichtet werden, was sich natürlich in der hohen Qualität, den vielen Details auf dem Set und den Spezialeffekten widerspiegelt.

Aber die Filme gehen in ihrer Erscheinung eben auch über das Gewöhnliche hinaus. Nicht nur die Wahl der Schauspieler ist gelungen. Nein, auch die Kostümierung, die musikalische Untermalung, die Wirkung der Aufnahmen, das Setting der Filmszenen und der Schnitt überzeugen. Und wer nicht so recht weiss, was gemeint ist, der soll doch mal auf all die Übertriebenheit achten, die wir immer dann zu Gesicht bekommen, wenn wir über die Leinwand mit ins Kapitol genommen werden.

11.2 In die Arena!

Sicherlich: Der Schwerpunkt der Filme besteht aus dem Nervenkitzel, der Spannung und den Gefühlswallungen, die wir erleben, wenn wir jeweils in die Arena eintauchen. Und die Inszenierung der Hungerspiele ist in den Filmen tatsächlich beeindruckend.

Und weil wir von anderen Actionfilmen, von Realityshows und dergleichen das gewohnt sind, was in den *Hungergames* nachgeahmt wird, entsteht wohl eine so tiefgreifende Wirkung auf die Zuschauer.

Irgendwie werden wir in der Arena in eine archaische Zeit des Kampfs ums Überleben in der Wildnis zurückgeworfen. Und so wird Campingfeeling mit dem Bedürfnis nach Sicherheit und den allgegenwärtigen Bedrohungen zu einem explosiven Mix, der uns auf mehreren Gefühlsebenen packt und in seinen Bann zieht.

Wenn die erste Arena eher an Klima und Vegetation der gemässigten Zonen erinnert, dann gelingt mit der zweiten Arena ein interessanter Wechsel in tropisches Gebiet. Und dennoch werden wir uns immer wieder bewusst, dass für eine Arena keinerlei Kosten gescheut werden: In der Arena hat der Mensch die absolute Kontrolle über (fast) alles. Er kann die Tribute über hunderte von Kameras verfolgen. Er kann Bäume sprengen, Feuerkugeln abfeuern, Bestien erschaffen und sogar das Wetter machen. In der Arena wirkt das Kapitol allmächtig. Dies bringen die Filme besonders stark zum Ausdruck.

Aber in der Arena wird auch ersichtlich, dass der Mensch über seine Fähigkeiten, Fertigkeiten, seine persönlichen Merkmale und seine Werthaltungen und Ideale eben nicht kontrolliert werden kann. Und wenn das Kapitol scheitert und Katniss zum Idol der Revolution werden kann, dann nur deshalb.

Je mehr bei tödlichen Spielen auf Action und Unterhaltung gesetzt wird, je schneller läuft die Sache aus dem Ruder…

11.3 Kontraste

Die Filme leben von vielen Kontrasten, die der Zuschauer oft nur unbewusst wahrnimmt. So begleiten wir Katniss und Peeta im Luxuszug mit ins Kapitol. Aber auf dieser Reise wechseln wir auch das Setting auf extreme Weise: Wir verlassen den verarmten Distrikt Zwölf und treten ein ins glamouröse Kapitol. Und die Filme unterstreichen diesen Wechsel mit allen Möglichkeiten, die der Filmproduktion zur Verfügung stehen. Denn während in Distrikt 12 der Kleidungsstil, die Haarschnitte und die häuslichen Einrichtungen an die Dreissiger- und Vierzigerjahre erinnern, und in uns ohnehin der Eindruck an die Nachkriegszeit erweckt wird über das, was wir sehen, so begegnen wir im Kapitol einer Welt, die wir aus unserem Leben kennen. Nur dass alles eben noch viel übertriebener ist. Die Leute sind farbenprächtig und äusserst extravagant gekleidet. Sie sind ungewohnt gewagt geschminkt und setzen auf uns wenig geläufige Modedetails bei Frisuren, Schmuck und Accessoires. Und während wir der Handlung des Films folgen, fragen wir uns, wo wir diesem Prinzip schon mal begegnet sein könnten – weil es uns irgendwie bekannt vorkommt…

Aber wir haben hier anhand eines Beispiels nur einen genaueren Blick auf die eine Art der Kontraste in den Filmen geworfen. Die andere Art erfolgt über die unterschiedlichen Eindrücke der Filme einander gegenüber. Denn jeder Film hebt sich in seiner Wirkung, Erscheinung und Thematik von den anderen ab. Dies geschieht über die Schwerpunkte und das Setting.

Der erste Film steht in Kontrast zum zweiten, weil zum Beispiel im zweiten Film die Hungerspiele dadurch an Gewicht und Wirkung gewinnen, weil nicht mehr Jugendliche sondern Stars gegeneinander antreten. Der dritte Film entwickelt sich zum Revolutions- und Kriegsfilm. Der Vierte wird zum Actionstreifen mit tragischem Ausgang. Und der fünfte Film setzt über seine weichere, hellere, farbigere Inszenierung einen starken Kontrast zu allen anderen Filmen.

So wie Lucy Grays farbiges Kleid in Kontrast zu der Mode in Distrikt 12 steht, steht der Film *The Ballad of Songbirds and Snakes* in Kontrast zu den anderen Filmen.

11.4 Dadaismus

Wir kennen es aus Kunst, Mode, Literatur und Architektur: Stile verändern und entwickeln sich.

Wenn wir in der Neuzeit die Erscheinung und Wirkung des *Barocks* beobachten können, und sehen, wie er sich weiter zum Stil des *Rokokos* entwickelt hat, dann fragen wir uns, ob da noch eine Steigerung drin liegt. Die Antwort ist ja: der *Dadaismus*!

Und irgendwie kommt es dem Autor vor, als hätten auch die Filmemacher diese Steigerung und die Ausdrucksform des Dadaismus ins Filmsetting aufgenommen. Denn all diese Übertriebenheit, die wir bei Künstlern, Stylisten und Schriftstellern ebenfalls wiedererkennen können, kommt im glanzvollen Überfluss und Überdruss des Kapitols ebenfalls zum Vorschein.

Und genau solche Sachen machen die Filme zu Werken, die als «kunstvoll» gewertet werden dürfen.

Nein, nicht nur die Handlung nimmt Bezug auf Dinge, denen wir in der Weltgeschichte bereits begegnet sind. Auch die visuellen Erscheinungsformen im Film lehnen sich in teilweise sehr getreuer Manier an das an, was uns bereits mal begegnet ist.

Sicherlich, die Bezüge sind vage. Aber sie sind erkennbar. Und sie machen die Filme für Kunstinteressierte und Menschen, die zu erkennen wünsche, spannend und wirken als Inspiration.

11.5 Sieger!

In *Cesar Flickermans* Abschluss-Show, am Vorabend vor dem Start der 75. Hungerspiele, reichen sich die Sieger und jetzigen Tribute die Hände, erheben diese und erscheinen so als Schicksalsgemeinschaft. Diese Inszenierung verfehlt ihre Wirkung nicht auf uns Zuschauer. Denn wir sind sensibilisiert auf Helden. Und Sieger sind die Helden unserer Zeit!

Wie jeder andere Film auch leben die Filme der *Hungergames* von Helden, ihrem Leiden und ihren Taten. Aber die *Hungergames* sind nur so gespickt von Helden.

Zuerst sind es die Sieger aus den Spielen. Dann sind es die Helden, die in Selbstlosigkeit für Wahrheit und Gerechtigkeit kämpfen. Dann sind es die Kriegshelden, die für Recht und Freiheit kämpfen. Und dann sind es die Helden, die untergehen…

In unserer Gesellschaft ist alles kontrolliert. Es kann keine Helden mehr geben – weil Helden schlecht kontrollierbar sind. Das lehren uns die Hungerspiele.

Aber Sieger kann es noch geben. Es gibt sie in Panem und es gibt sie bei uns.

Vielleicht sollten wir damit aufhören, den Sieg anzustreben. Denn jeder Sieg hinterlässt zwangsläufig Verlierer. Und wir wissen, dass nur Win-Win-Situationen konstruktiv auf uns einwirken. Eine Win-Loose-Situation aber mutiert fast immer zu einer Loose-Loose-Situation.

Darum sollten wir vielleicht wieder das Heldentum anstreben. Denn für das kleine Mädchen, das am Verhungern ist, kann der kleine Junge, der ihm ein verbranntes Brot hinwirft, zum Helden werden.

Sieger benötigen Publikum. Helden brauchen nur ein gutes Herz…

11.6 Musik

Es scheint, als hätten die Filmemacher selbst über die Wirkung von Tönen in ihrem Werk gestaunt.

Die vier Töne, die Rue und Katniss vereinbaren, um sich in der Arena über die Spotttölpel eine Nachricht zukommen zu lassen, hatten ihre Wirkungsgeschichte bei den Kinozuschauern.

Wer diese Tonfolge pfeift, der erfährt Wiedererkennung, egal, in welchem Umfeld er sich aufhält.

Und so dürfen wir von Film eins bis fünf eine musikalische Steigerung beobachten.

Während Katniss in Band 1 eher rudimentär Schlaflieder singt, wird in Band zwei und besonders in Band drei über das Lied *Hanging Tree* eine Hymne geboren. Und in Band vier wurde eine Sängerin für die weibliche Hauptrolle engagiert und es entstand ein ganzes Filmmusikalbum.

Musik ist das Medium, das Gefühlempfindungen vermitteln und erwecken hilft. Wie das funktioniert, das wissen wir nicht. Aber es funktioniert.

11.7 Innere Armut

Katniss hat nicht viel, wenn wir ihr das erste Mal begegnen. Wir haben viel mehr.

Aber Katniss hat etwas, worum wir sie unbewusst beneiden. Sie hat etwas, wofür es sich zu leben und zu kämpfen lohnt.

***

In den Hungergames gibt es für die Mehrheit der Menschen kaum Luxus, Komfort und Wohlstand. Es gibt nur die bittere und harte Realität. Aber manchmal zeigt uns die Härte des Lebens das auf, wofür es sich zu leben lohnt.

Während wir Gefahr drohen, so wie die Bewohner des Kapitols an Überfluss und Überdruss zu ersticken, zeigt uns Katniss über ihre Lebensumstände auf, wie es ist, wenn man ums Überleben kämpfen muss. Und wer kämpft, besonders, wenn er nicht nur für sich kämpft, der erkennt in allem einen Wert. Womöglich sogar in einer alten Spotttölpel-Brosche.

Katniss ist materiell arm. Aber weil sie etwas hat, wofür sie in Überzeugung kämpft, erscheint sie uns reich. Und wir lesen und schauen Bücher und Filme mit ihr, weil wir dadurch versuchen, unsere innere Leere zu füllen; auf, dass unser Leben wieder greifbarer werde.

Katniss ist innerlich reich – wir sind äusserlich reich.

Irgendwie schaffen es die Filme, uns diesen Unterschied zu veranschaulichen. Wer so etwas erreicht, der hat nicht blosse Arbeit verrichtet. Nein, er hat etwas erschaffen.

***

Und hier wird jetzt nicht auf die Meisterleistung der hochbezahlten Schauspielerinnen und Schauspieler eingegangen. Hier wird auf die eingegangen, die Kostüme designt und genäht haben. Hier wird auf die verwiesen, die die Frisuren zurechtgemacht haben und die das Mikrofon beim Dreh so hingehalten haben, dass der Zuschauer es nicht sieht.

Auch in der Filmindustrie gibt es diese Unterschiede. Die Unterschiede zwischen Arbeitern aus Distrikten, den Siegern, und den Kapitalisten des Kapitols…

12 Akzente

Verlassen wir die Filme und kommen wir zurück zur Geschichte als Ganzes.

Wir Menschen funktionieren über unsere Wahrnehmung. Und wenn man uns etwas bieten will, dann erfolgt dies meistens über Akzente.

Akzente haben die Wirkung, unsere Wahrnehmung auf sich zu ziehen, so dass jeder sie erkennen kann.

Wären wir alle in unserer Achtsamkeit weit entwickelt, so bräuchten wir keine Bücher und Filme mehr. Denn das Leben würde uns viel spannendere, vielseitigere und abwechslungsreichere Akzente bieten, als dass es die künstlich erschaffenen Werke je zu tun vermögen.

Aber wir sind nicht achtsam. Und darum suchen wir Ablenkung, Spannung und Nervenkitzel in extra dafür geschaffenen Werken.

Und damit diese Akzente ihre Wirkung wirklich auf uns entfalten können, gibt es noch Bücher wie dieses hier, die darauf hinzuweisen versuchen – auf, dass wir trotz all der Reizüberflutung wahrnehmen…

12.1 Hunger

Die *Hungergames* setzen einen Akzent im Bereich Hunger. Nein, noch immer haben nicht alle Menschen genügend zu essen. Gemäss einer Statistik der OECD stirbt weltweit alle 20 Sekunden ein Mensch direkt an Hunger oder an den Folgen von Unterernährung.

Warum ums Himmels Willen brauchen wir Unterhaltungsmedien, die uns auf diese Sachverhalte aufmerksam machen?

Wenn in den Distrikten die Leute ihr Leben aufs Spiel setzen, um nicht verhungern zu müssen, und im Kapitol *«kotzen sie, damit mehr reinpasst»*, dann setzt dies einen Akzent, den sogar wir wahrnehmen. Und am nächsten Tag essen wir wieder unseren Teller nicht aus und schmeissen kostbares Essen weg…

12.2 Band 4

Das vierte Buch setzt mit seinen Inhalten einen Akzent der ganz anderen Art.

Der Autor gibt es zu, er hat gelitten. Er hat gelitten während der Lektüre dieses Buches. Weil er die Nöte von Coriolanus Snow so gut nachvollziehen konnte.

Wie stark ist die Einwirkung der Gesellschaft auf uns, dass wir ihretwegen auf das Glück unseres Lebens verzichten und stattdessen das tun, was wir zu tun glauben müssen, um nur nicht in Ungnaden vor denen zu fallen, die uns lediglich ausnutzen?

Der Akzent, der in Band 4 gesetzt wird, ist der, dass das Regime, das System, die Gesellschaft – oder wie wir es auch immer nennen wollen – die Menschen beeinflusst, manipuliert und ausnutzt, auf dass für die Reichen und Mächtigen die Dinge so bleiben, wie es diesen kommod kommt. Und das Krasse dabei ist, dass wir diese Reichen und Einflussreichen weder kennen noch jemals zu Gesicht bekommen.

Wenn wir glauben, diese würden sich uns in Form führenden Charakteren wie dem *Dekan Highbottom*, der Wissenschaftlerin *Dr. Gaul* oder des Oligarchen und Waffenproduzenten *Plinth* offenbaren, dann täuschen wir uns. Von den Einflussreichen in der Gesellschaft bemerken wir nichts. Diese sind schlau genug, sich nicht zu erkennen zu geben. Und sie sind schlau genug, Strohmänner für sich wirken zu lassen.

Dieser Akzent wird offensichtlich für diejenigen, die erkannt haben, dass auch Präsident Snow nur eine Schachfigur darstellt im grossen Spiel. Und krass daran ist, dass Snow selbst dies nicht erkennen kann…

12.3 Unsicherheit

Menschen, die sich sicher fühlen, werden übermütig. Was tut das Regime dagegen? Es verbreitet immer und überall Unsicherheit.

Wie wäre es für uns, wenn wir ständig in Unsicherheit leben und daran leiden müssten?

Katniss kennt die Unsicherheit. Sie kennt sie in Form der Ungewissheit, ob sie und ihre Familie am nächsten Tag genügend zu essen haben. Und sie weiss nicht, wie es kommen wird.

Und wir? Mit welchen Unsicherheiten kämpfen wir? Ob die Versicherung alles bezahlt, oder ob sie im Schadenfall einen Selbstbehalt abzieht? Ob es während unseres Urlaubs schön Wetter geben wird? Ob wir die Lohnerhöhung Ende Jahr erhalten werden oder nicht?

Die Menschen in den Distrikten von Panem leben in ständiger Unsicherheit. Diese Unsicherheit scheint im Kapitol kaum zu drücken. Aber in der Arena wird die Unsicherheit nochmals um mehrere Stufen verstärkt; nicht nur für die Tribute, sondern auch für ihre Angehörigen zuhause.

Es wäre menschlicher, die Tribute auf einen Schlag hinzurichten, als sie gegeneinander antreten zu lassen. Aber es ist der Akzent der Unsicherheit, die eine Einzelabschlachtung – live übertragen – erfordert, damit die Wirkung auf die Gepeinigten und auf uns erwachsen kann.

12.4 Allmacht

Wir denken, Präsident Snow könne alles.

Nein, kann er nicht!

Aber wir denken, er könne es.

Dieser Effekt kommt in einem weiteren Akzent der *Hungergames* zum Vorschein. Es ist der Akzent, mit welchem Diktatoren ihre Macht erhalten.

Allmacht kann es niemals und nirgends geben. Sie ist eine Illusion. Aber über Einschüchterung und das Statuieren von Exempeln soll ihr Eindruck vermittelt werden.

Katniss beweist als Spotttölpel, dass es die alles umfassende Kontrolle nicht geben kann. Sie beweist es, indem sie ihren Pfeil abschiesst und die ganze Arena zum Einsturz bringt. Sie beweist es aber auch, indem sie ihren Pfeil auf Coin statt auf Snow fliegen lässt.

Menschen können nicht beherrscht werden, solange sie ihre Einzigartigkeit nicht preisgegeben haben; solange sie noch Seele sind…

12.5 Verführung

Soll man sich von seinen Leuten abwenden, dann, wenn man zum Sieger gekürt wurde?

Das Kapitol versucht ständig, Menschen über Verführung ihrem Umfeld zu entreissen. Diese Verführungen manifestieren sie in materiellem Wohlstand, Luxus, Ruhm, Ehre und Beachtung.

Was schützt uns vor Verführung?

Nur unsere Ideale und Werte. Denn das Fleisch ist schwach.

***

Aber sobald die Machtverhältnisse ändern, wechseln auch die Anbieter von Verführungen. Diesen Konflikt erkennen wir bei Katniss, als sie auf einmal nach der Pfeife von Anführerin Coin tanzen soll.

Wären wir gewappnet, den Verführungen zu widerstehen, dann wenn wir unser Selbst unter Beweis stellen müssen?

12.6 Allianzen

Bündnisse sind eine Illusion, solange jeder auf seinen Selbstvorteil bezogen denkt und handelt.

Die Allianzen in der Arena veranschaulichen dies auf perfideste Weise: Was nützt es, sich zu verbünden, wenn man sich dann schliesslich trotzdem gegenseitig abschlachtet?

Der Erste Weltkrieg sei aufgrund der Bündnispolitik entstanden. Dank den Hungerspielen können wir nachvollziehen, wie dies funktionieren konnte…

12.7 Gesellschaftliche Glaubensmuster

Wir funktionieren jeden Tag nach den gleichen Mustern. Und niemand kommt auf die Idee, diese Glaubensmuster zu überdenken, abzuändern oder abzulegen. Warum denn nicht?

Auch in Panem funktionieren fast alle nach den gleichen Glaubensmustern: Die Bewohner in den Distrikten schicken sich in ihr Schicksal, weil sie glauben, es gäbe keine Alternative dazu. Die Bewohner des Kapitols warten auf die Festlichkeiten der nächsten Hungerspiele – auf, dass diese wieder «fröhlich» werden mögen. Und der ganze Regierungs- und Verwaltungsapparat tut, was man ihnen vorgibt.

Dies ist alles nur möglich, weil alle unreflektiert immer wieder das Gleiche tun und gleich denken. Sie folgen eben den Glaubensmustern, die man ihnen auferlegt hat, und die sie verinnerlicht haben und gewohnt sind.

Wie sieht es mit uns aus? Unterliegen wir auch diesen Glaubensmustern? Gäbe es eine alternative Lebensweise zu der, dass wir täglich aufstehen und von *9 to 5* durcharbeiten?

Hätten wir womöglich ebenfalls einen Spotttölpel nötig, der uns aufzeigt, dass alles nur Illusion ist?

Wenn jemand sich anders verhält, als wir es uns von unseren Glaubensmustern her gewohnt sind, dann schreckt uns das aus unserer Lethargie auf.

Und was tun wir dann? Wir warten auf den Untergang des Unruhestifters – selbst wenn dieser in guter Absicht handelt.

Wenn der Unruhstifter aber nicht untergeht, so wie wir es erwartet haben, dann erheben wir ihn zum Helden – solange er Gutes tut, und wir ihm nichts vorwerfen können. Tut er Böses, so stempeln wir ihn zum Bösewicht ab.

Egal ob Held oder Bösewicht: Durch die Tatsache, dass der Unruhestifter unsere Aufmerksamkeit auf sich gezogen hat, zieht er ebenfalls die Beachtung der Autoritäten auf sich. Diese nutzen ihn so gut und so lange aus, wie er dienlich ist. Danach lässt man ihn zu Propagandazwecken untergehen…

Die Hungergames führen uns diesen tragischen Werdegang eines Helden sehr direkt vor Augen.

Würden wir nicht an starren Glaubensmustern festhalten, gäbe es diesen Akzent nicht…

12.8 Verschwörung

Snow fürchtet sich vor nichts mehr als vor Verschwörungen. Dem ist so, weil jeder Tyrann, der die

Macht nicht zurecht innehat, sich vor Verschwörungen fürchten muss.

Aber eigentlich fürchtet sich ein Tyrann nicht vor Verschwörungen. Er fürchtet sich viel mehr vor der Wahrheit und der Gerechtigkeit. Und die Verschwörer sind eben diejenigen, die sich für die Gerechtigkeit einsetzen und die Wahrheit ans Licht bringen wollen.

Wahrheit und Gerechtigkeit kommen nicht gegen die Macht der Autoritäten an. Sie werden widerlegt, geleugnet, vertuscht oder heruntergespielt. Und dafür geht es dann denjenigen an den Kragen, die die Wahrheit im Sinne der Gerechtigkeit ans Licht gebracht haben. Und dies geschieht eben dadurch, dass man die Menschen mitsamt ihren guten Absichten als Verschwörer verunglimpft.

Was wir in Panem mitverfolgen können, ereignet sich täglich hundertfach in unserem normalen Leben. Nur merken wir es nicht, weil wir den Autoritäten, den Medien, den tratschenden Nachbarn und den Traditionen und Werten mehr Glauben schenken als denen, die es gut mit uns meinen. Wir sind eben in unseren Glaubensmustern gefangen – selbst wenn diese Glaubensmuster uns von denen auferlegt wurden, die sich zurecht vor Verschwörungen fürchten…

12.9 Hoffnung

Präsident Snow erklärt dem Spielemacher Seneca Crane im ersten Buch das Prinzip und die Wirkung von Hoffnung.

Und so dürfen auch wir Leserinnen und Leser Psychologie vom Feinsten lernen: Der Mensch ist leicht steuerbar und manipulierbar, weil die meisten von uns nach den gleichen Verhaltensweisen funktionieren.

Nebst Hoffnung gibt es viele andere psychologische Prinzipien, die man analysieren und dann zu seinen Zwecken einsetzen kann. Dies tun sowohl die Regierungstreuen wie auch die Aufständischen in Panem. Und beide Parteien missbrauchen so die Eigenheiten und Schwächen der einfachen Leute, die eben nicht wissen, dass sie über ihre psychologischen Verhaltensprinzipien leicht manipulierbar und steuerbar sind.

Das ist tragisch. Aber es ist Realität – auch bei uns. Und deshalb sind Wissen und Nachdenken wichtig für uns; damit nicht auch wir den Intrigen der Mächtigen anheimfallen.

Wenn wir das Prinzip Hoffnung in allen Büchern der Hungergames suchen, beobachten und analysieren, so bekommen wir ansatzweise eine Ahnung davon, wie durchschaubar wir Menschen doch für diejenigen sind, die über die Verhaltensweisen der Massen nachgedacht haben.

Was man dagegen tun kann? Selbst beobachten, nachdenken, ergründen und verstehen! Und dabei seinen eigenen Weg gehen. Denn wer links geht, wenn alle anderen rechts gehen, der ist nur schwer einzuschätzen. Besonders dann nicht, wenn er ab und zu auch rechts geht…

12.10 Falsch eingespurt

Jeder, der in den Hungergames ein tragisches Erlebnis hat oder womöglich gar ein tragisches Ende nimmt, würde wohl anders denken und handeln, wenn er nochmals zurückgehen und von vorn beginnen könnte.

Nun, Zeitreisen sind nicht möglich. Aber wenn wir in Geschichten beobachten und analysieren, so können wir daraus lernen und unser eigenes Verhalten anpassen. Und dann laufen wir sicherlich weniger Gefahr, falsch einzuspuren.

Bereits *Goethe* sagte: *«Wer das erste Knopfloch verfehlt, kommt mit dem Zuknöpfen nicht zurande!»*

Wir sollten also darauf achten, dass wir gewisse Fehler – besonders Denkfehler – nicht machen. Denn diese führen fast immer zwangsläufig in den Untergang.

Und wer in den *Hungergames* beobachtet, der stellt fest, dass insbesondere negative Emotionen wie Rache, Neid, Missgunst, Machthunger und ähnliches die Charaktere falsch einspuren lässt.

Was können wir für einen Schluss daraus ziehen?

Dass wir an unseren negativen Emotionen arbeiten sollten! Denn das bildet nicht nur unseren Charakter, sondern dient uns auch als Schutz davor, falsch einzuspuren.

13 Philosophisch betrachtet

Ein so weitreichendes Werk wie die *Hungergames* bietet uns die Möglichkeit, es auf verschiedene Arten zu betrachten.

Was könnten uns die Hungergames auf philosophischer Ebene alles lehren?

Wagen wir hier mal ein paar Ansätze aufzuzeigen:

Das Ich als Ausgangspunkt – Katniss zeigt es uns über all die hunderten von Seiten Lektüre immer und immer wieder auf: Nur wenn wir uns selbst sind, haben wir Wirkung. Wenn wir uns so verhalten wie die andern, oder so, wie die andern es von uns wollen, dann verlieren wir unsere Einzigartigkeit und damit unsere Wirkung.

Diese Tatsache unterliegt einem philosophischen Grundsatz: Wir können immer nur uns selbst verändern. Die anderen aber können wir nicht verändern. Nur über Veränderung in uns selbst können wir die anderen um uns herum dazu veranlassen, sich selbst aufgrund unseres guten oder schlechten Beispiels verändern zu wollen.

Folglich sind immer wir der Ausgangspunkt. Und wohin das führen kann, zeigen uns die *Hungergames*: Alle Helden der Geschichte konnten nur zum Helden werden, weil sie das getan haben, was ihnen eigen ist. Sie waren sich selbst! Und wer sich selbst ist und dabei selbstlos vorgeht, der hat das Potenzial zum Helden.

Dieses philosophische Prinzip gilt für alle – auch für uns! Und darum gilt: Niemand ist zu klein, ein Held zu sein!

Selbstkenntnis durch SelbstERkenntnis – Nur wenn wir uns selbst kennen, gelingt es uns, schädliche Glaubensmuster abzulegen und unsere negativen Emotionen kontrollieren zu lernen, auf dass wir weniger fremdgesteuert werden und so Manipulation abwenden können.

Aber Selbstkenntnis bedingt, dass wir zuerst SelbstERkenntnis erfahren. Und uns selbst erkennen können wir eben nur, wenn wir uns einerseits dem Leben vollumfänglich hingeben und uns nicht verstecken, andrerseits, indem wir dabei genau hinschauen und über Reflexion ständig versuchen, uns verstehen zu lernen.

Wer erkannt hat, wie er tickt, der kann etwas an sich ändern. Und dies ermächtigt dazu, sich selbst als Ausgangspunkt zu nehmen.

Insbesondere Katniss und Peeta lernen sich selbst während der Zeit, in der wir sie begleiten dürfen, sehr gut selbst kennen. Ja, Selbsterkenntnis ist ein harter und langer weg. Besonders dann, wenn wir leiden, lernen wir sehr viel über uns selbst.

So lange die gleichen Fehler bis… – Es scheint eine Konstante im Bestehen der Menschheit zu sein, dass der einzelne Mensch immer wieder die gleichen Fehler macht.

Und es sind die Eigenheiten eines Menschen, die zu den Fehlern führen. Denn jeder Fehler hilft dabei, eine Eigenheit zu entwickeln oder abzulegen, was sowohl zu unserer Persönlichkeitsentwicklung wie auch zu unserer Charakterbildung beiträgt.

Wer sich diesbezüglich entwickeln möchte, und wer für sich selbst wünscht, nicht immer den gleichen Fehlern anheimzufallen, der kann die auftretenden Charaktere in den *Hungergames* beobachten und analysieren. Denn diese sind überdeutlich, teilweise sogar stereotypisch dargestellt. Und wer all die Fehler, die unsere Helden in ihrer Unwissenheit und ihren Absichten begehen, erkennt und sie selbst nicht mehr begeht, der kommt bereits ein gutes Stück voran.

Es beginnt im Kleinen – Wer hätte auf der ersten Seite des ersten Buches gedacht, dass gerade Katniss so viel bewirken könnte und würde?

Nein, Katniss ist nicht die glänzende Heldin, auf die alle setzen. Sie entwickelt sich aber dazu, weil sie sich selbst nicht verliert. Und irgendwie scheint ihr eine Kraft innezuwohnen, die ihr dabei hilft, ihren Weg zu gehen.

Klar, wir könnten es als Zufall, Schicksal oder Fügung bezeichnen, dass ihr all das möglich wird, was sie uns aufzeigt. Aber wer darüber nachdenkt, der erkennt, dass grundsätzlich jede und jeder den Weg von Katniss gehen könnte.

Manche werden denken, dass sie nicht so gut Bogen schiessen könnten, und dass sie es daher nicht schaffen würden. Nun, Peeta konnte auch nicht Bogen schiessen – und überlebte trotzdem.

Philosophisch gesehen dürfte darum folgendes Prinzip greifbar werden: Jeder Mensch trägt versteckte Gaben in sich, von denen nicht mal er selbst weiss, dass er über sie verfügt. Und nur wenn wir uns dem Leben hingeben, kann sich womöglich das in uns offenbaren, was wir in dieses Leben mitgebracht haben, auf dass es erwache und uns dabei helfe, unsere Lebensaufgabe zu lösen.

Aber eine Gabe ist nicht plötzlich einfach da. Sie erwacht langsam und braucht Zeit, um sich entfalten und entwickeln zu können. Und so erkennen wir, dass alles zuerst im Kleinen anfangen muss, bevor es gross werden kann. Dies trifft auch auf uns zu.

Das Gute obsiegt – Präsident Snow verfügt über sehr viel mehr Mittel und Macht Katniss. Aber das nützt ihm nichts.

Wenn wir die Evolution auf unserer Erde beobachten, dann dürfen wir erkennen, dass wir immer noch existieren. Und auch viele Lebewesen und Pflanzen um uns herum leben immer noch.

Dem ist so, weil es ein philosophisches Prinzip gibt, das so wirkt, dass das Positive bestehen bleibt und sich weiterentwickelt, während das Negative untergeht. Meist, indem es sich selbst vernichtet.

Wenn sich etwas Positives entwickelt, dann führt das zu einer Positivspirale und somit zu einem Fortbestehen. Wenn etwas Negatives sich entwickelt, dann führt dies unvermeidlich in den Untergang.

Sowohl Snow als auch Coin veranschaulichen dieses Prinzip. Katniss geht ihren eigenen Weg. Sie hat so eine viel positivere Wirkung auf uns als Gale, der sich wieder ins System einfügt.

Der Mensch lernt nicht – die Seele schon – Wenn Suzanne Collins in so vielen Aspekten auf Ereignisse in der Menschheit anspielt, und wir daraus lernen dürfen, dann sollte die Frage aufkommen, weshalb es trotzdem immer wieder Krieg, Unterdrückung und Leid gibt. Denn die *Hungergames* sind bei weitem nicht die einzigen Bücher, aus denen wir lernen könnten, was sich alles nicht bewährt hat.

Nun, es sind immer wieder andere Menschen, die dafür sorgen, dass nicht alles rund läuft.

Der Mensch scheint nichts, oder nur wenig aus den Fehlern derer lernen zu können, die ihm vorausgegangen sind.

Und dennoch dürfen wir eine Entwicklung in der Menschheit hin zum Guten beobachten. Denn die Menschen sind zum Beispiel viel feinfühliger geworden als noch vor hundert Jahren. Dies lässt sich für denjenigen, der danach Ausschau hält, problemlos beobachten. Zum Beispiel im Bildungswesen oder im Strafvollzug.

Wie ist es möglich, dass die Menschen sich ganz langsam zum Guten entwickeln, wenn der Mensch nicht von den Fehlern seiner Vorgänger zu lernen vermag?

Nun, der Mensch ist sterblich – seine Seele nicht. Und wenn eine Seele reinkarniert, dann hat sie ihre Wirkung auf den Menschen, den sie beseelt. Und so darf philosophisch betrachtet dennoch eine Entwicklung stattfinden. Diese geschieht aber unterbewusst und wirkt nur sehr dezent. Aber sie wirkt!

Man kann sich darüber streiten, ob die obigen Ansätze als philosophisch betrachtet werden können oder sollen. Aber in Anbetracht der Tatsache, dass Philosophie die Dinge beobachtet und über Denkarbeit versucht, allgemeine Schlüsse zu ziehen, liegt allen obigen Ansätzen eine philosophische Wurzel zugrunde.

Und falls es sich dennoch nicht um philosophische Ansätze handeln sollte, so kann man dennoch etwas für sich herausnehmen. Und genau diese Tätigkeit ist es, die uns auf unseren eigenen Weg führen hilft.

Wie wäre die Geschichte in Panem verlaufen, wenn niemand sich an Wahrheit und Gerechtigkeit orientiert hätte? Was wäre gewesen, wenn Katniss aufgegeben hätte?

14 Transfer

Panem kommt dem Pädagogen vor wie ein didaktisches Modell. Jedes didaktische Modell vereinfacht die Wirklichkeit, damit die wesentlichen Elemente leichter erkennbar werden und so besser zur Veranschaulichung und Unterstützung eines Lernprozesses zu Hilfe genommen werden können.

Und das ganze Buch hier arbeitet ja nach diesem Prinzip. In diesem Kapitel hier aber soll dieses Prinzip der didaktischen Vereinfachung und dem dadurch ermöglichten Transfer auf die Wirklichkeit noch etwas detaillierter erfolgen.

Natürlich auch wieder nur exemplarisch und in Ansätzen. Denn vollumfänglich ist nicht möglich, da es sich nur um ein Modell, nicht um die Wirklichkeit handelt.

14.1 Unsere Arena

Keine Kultur konnte sich zu einer Hochkultur entwickeln, ohne dass die Menschen darin Fragen gestellt und nach möglichen Antworten darauf gesucht haben.

Wir wollen dieses Prinzip für uns nutzen und darum auch Fragen stellen. In diesem Kapitel hier lautet sie:

Wie gestaltet sich die Arena unseres Lebens?

Immer dann, wenn jemand mit der Gesellschaft interagiert, tritt er in eine Arena ein.

Wenn wir zum Beispiel am Morgen erwachen und uns zurechtmachen, dann machen wir uns zurecht, damit wir in unserer täglichen Arena möglichst gut dastehen.

Und in der Pause mit den Kollegen verhalten wir uns bewusst oder unbewusst anders, als wir es zuhause in der Familie im getrauten Rahmen tun.

Ja, die Öffentlichkeit hat ihre Wirkung auf uns. Sie wirkt auf uns, weil sie Macht hat.

Wer dies erkennt, der schafft sich dadurch die Grundlage, um unsere Gesellschaft besser beobachten, analysieren und verstehen zu lernen.

Und je nachdem, nach welchen Werthaltungen und Idealen wir leben, begegnen uns in unserer Arena andere Herausforderungen. Wer sorgsam und mitfühlend durchs Leben geht, der hat mit physischer Gewalt oft weniger zu tun als jemand, der überall Streit sucht und Handgreiflichkeiten nicht strickte ablehnt.

Und dann gibt es eben auch noch der Einfluss des Schicksals, das über Schläge oder Fügung wirken kann. Bei Katniss war es ein Schicksalsschlag, der sie in die Hungerspiele katapultiert hat; sie wurde also von einer tragischen Arena in eine mörderische Arena geworfen. Und dieses Ereignis hat ihr Leben und die Geschichte Panems fundamental verändert.

So etwas dürfte uns zum Glück eher weniger passieren. Aber dennoch kann zum Beispiel Missgunst uns gegenüber zu Mobbing führen, was unser ganzes bisherige Leben über den Haufen wirft, und uns aufzeigt, dass es die Bestien auch in unserer Arena gibt – einfach in anderer Erscheinung.

Unsere Arena gehört zu unserem Leben. Und wir können sie nicht beseitigen oder ihr entgehen. Was wir aber tun können, ist als Teil von ihr das Beste anstreben. Dadurch wird sie ein bisschen besser und angenehmer. Nicht nur für uns, sondern auch für die andere, die in dieser Arena mitspielen. Wenn diese dann unserem Beispiel folgen, dann könnte sogar eine Arena zum Paradies werden.

Stell dir vor, es sei Krieg, und keiner geht hin!

14.2 Unsere Illusion

Bevor Katniss als Tribut gezogen wurde, hätte sie niemals geglaubt, was ihr alles passieren und begegnen könnte. Offensichtlich hat sie in einer Illusion gelebt. Denn die Tatsache, DASS sie all das erlebt hat, was wir über sie lesen können, bestätigt dies.

Und folglich lautet die Transferfrage dieses Unterkapitels:

Welche Illusionen tragen wir mit uns herum?

Einer Illusion kann nur unterliegen, wer in Begrenzung lebt. Denn wer glaubt, dass alles möglich ist, der entlarvt durch diese Haltung jede Illusion – früher oder später...

Begrenzungen legen wir uns selbst auf, oder jemand anderes tut dies. Meist erfolgen Begrenzungen über Glaubensmuster, die wir bewusst oder unbewusst aufbauen oder übernehmen.

Wir erkennen dies dann, wenn jemand sagt: «Das kann, oder das will ich nicht glauben!»

Man könnte sehr viele mögliche Illusionen unseres Alltags aufzeigen. Aber dies würde zu sehr viel Unruhe und unangenehmen Gefühlsempfindungen führen. Und um diese nicht ertragen zu müssen, würde so mancher sich gegen den wenden, der die Illusionen offengelegt hat. Das soll hier vermieden werden. Stattdessen haben wir ja die Möglichkeit, anhand der *Hungergames* solche Illusionen und ihre Wirkung beobachten zu dürfen. Das fällt uns leichter, da wir so die mit dem Fall einer Illusion einhergehenden Enttäuschung weniger hart zu spüren kriegen.

Hier aber dennoch folgender Hinweis: Immer dann, wenn wir eine Illusion entlarvt haben, folgt eine Enttäuschung. Diese schmerzt uns. Sie schmerzt, weil wir gezwungen werden, ein Glaubensmuster abzulegen, an das wir uns gewöhnt hatten. Aber wir sollten immer daran denken, dass das gut für uns ist. Denn eine ENTtäuschung zeigt uns auf, dass die Täuschung jetzt abgefallen ist und wir mehr Wahrheit blicken können.

14.3 Aussenpolitik als Ablenkung

Jemand kann noch so viele Leichen im Keller liegen haben. Solange er ausser Haus für Trubel sorgt, sucht niemand in seinem Keller danach.

Das ist ein sehr altes und bewährtes Prinzip: über das Aussen vom Innen ablenken.

Würde Präsident Snow die Distrikte so repressiv führen,
wenn im Kapitol selbst alles in Butter wäre?

Würden Präsidenten unserer Zeit Krieg führen, wenn in
ihrem Land Friede, Glückseligkeit und Eintracht
herrschen würden?

Snow weiss viel mehr als wir. Aber wir sind ja nicht blöd.
Und wenn wir darüber nachdenken, mit welchen
Problemen unsere Regierung alles zu kämpfen hat, und
wenn wir uns auch noch überlegen, wie wir diese
Probleme lösen würden, so wird uns so manches klar.

Wer verstehen will, was die Ursache von Handlungen im
Aussen sein könnte, der braucht sich nur in denjenigen
hineinzuversetzen, der für die Handlung im Aussen
verantwortlich zeichnet. Und schon wird so manches klar.

Aber Vorsicht: Solche Machenschaften sind gefährlich!
Man könnte dadurch ungewollt zum bösartigen
Systemfeind werden und so der Bezichtigung einer
Verschwörung zum Opfer fallen…

Aber die Frage dieses Kapitels lautet nicht, wo die
Regierung Aussenpolitik betreibt. Denn niemals wird
jemand auf uns hören, wenn wir etwas darüber
herausgefunden haben.

Darum lautet die Frage viel mehr:

Wo betreiben wir selbst Aussenpolitik?

14.4 Kapitol oder Distrikt?

Und weil uns Fragen viel schneller und präziser aufzeigen, worum es geht, als wenn lange geschrieben und erklärt wird, hier gleich die nächste Frage:

Leben wir im Kapitol oder in einem Distrikt?

Nun, es könnte sehr gut sein, dass wir leben und uns verhalten, als würden wir im Kapitol leben. Glauben aber tun wir, dass wir in einem Distrikt leben.

Nicht überall sind Wohlstand und Wohlfahrt so sauber getrennt wie in Panem.

Und wer sich über seine Gesinnung als Gutmensch gibt, kann sich über sein Tun und Handeln als Ausbeuter, Klimasünder und Tyrann entlarven.

Manchmal reicht das Kapitol viel weiter, als wir glauben würden. Und manchmal liegen die Distrikte viel weiter weg, als wir denken. Jedoch können sie auch unter unserer Nase existieren, und wir können sie nicht sehen, weil eine Illusion sie vor unserer Wahrnehmung versteckt hält…

14.5 Seelenfriede

Eines ist sicher: Jede und jeder sucht bewusst oder unbewusst nach Seelenfrieden.

Und sicher ist auch, dass man in der Arena diesen Seelenfrieden nicht finden kann.

Und so folgt die Frage:

Wo können wir unseren Seelenfrieden finden?

Nun, wir können warten, bis wir gestorben sind. Und wir können hoffen, dass es dann besser sein wird.

Oder aber, wir können versuchen zu ergründen, was es bräuchte, damit unsere Seele Frieden finden könnte. Denn nur wer weiss, wonach er sich sehnt, kann sich aufmachen, danach zu suchen.

Wer nach Seelenfrieden sucht, der hat sich den Bedürfnissen seiner Seele gegenüber geöffnet. Und dies dürfte die Voraussetzung dafür sein, dass die Seele uns bei unserer Suche unterstützen kann.

Katniss sucht ihren Seelenfrieden zuerst in Wahrheit und ausgleichender Gerechtigkeit. Bis sie erkennen muss, dass es diese nicht gibt. Es kann sie nicht geben, weil es sich um subjektive Grössen handelt. Und so geht sie ihren eigenen Weg und zieht sich aus der Öffentlichkeit zurück. Und dadurch wird die Arena, in der sie lebt, kleiner und überschaubarer. Und eine kleine Arena, die nur unter geringem Fremdeinfluss steht, kann viel schneller und einfacher zu einem Paradies werden als eine Arena, in der die ganze Welt drin platzfinden soll.

Wir lernen daraus, dass wir unseren Seelenfrieden wohl am besten dann finden können, wenn wir unseren eigenen Weg gehen und unsere Arena so weit verkleinern, dass wir über das Gute in uns darin Wirkung zu entfalten vermögen. Und das ist dann möglicherweise auch der Weg, der zu Seelenfrieden führen kann…

15 Was wir lernen können

Wenn wir die Bücher der *Tribute von Panem* lesen, dann sind wir gut unterhalten. Das ist der Zweck von Romanen. Und auch Filme schauen wir in erster Linie zu unserer Unterhaltung.

Gehaltvolle Bücher und Filme aber haben eben zu ihrem Unterhaltungswert auch noch Tiefgang. Und das bedeutet, dass wir über sie nachdenken können, weil es etwas zu ergründen gibt.

Da die *Hungergames* auf viele reale Bezüge abstellen, gibt es in ihnen besonders viel zu ergründen. Das eröffnet uns sehr viele Möglichkeiten:

- Wir können in eine Welt, die wir über Unterhaltung kennengelernt haben, viele Dinge beobachten, ergründen und aus ihnen lernen.
- Die Probleme, die die Charaktere in Panem zu lösen haben, sind reale Probleme, selbst wenn sie in einer erfundenen Geschichte spielen. Wenn wir sie auf unsere Situation herunterbrechen und selbst die verschiedenen Lösungsansätze ausprobieren, die wir in den Büchern vorgestellt bekommen, könnten wir dadurch in unserer Entwicklung weiterkommen.
- Immer wieder werden Herausforderungen an uns gestellt. Insbesondere auch, was unsere Werthaltungen oder Ideale betrifft. Sollen wir unsere besten Freunde verraten, um unsere Haut zu retten, oder sollen wir ihnen die Treue halten, mit all den Konsequenzen, die das für uns mit sich bringen mag?
- Was im Kleinen geschieht, geschieht auch im Grossen. Wenn wir dieses Grundgesetz des Lebens in

den *Hungergames* antreffen und dadurch konkrete Beispiele dafür erhalten, fällt es uns leichter, diese Gesetzmässigkeit auch für unser Leben zu adaptieren.

- Wenn etwas geschieht, dann kommt dies nicht von ungefähr. Alles hat seine Ursache und seine Wirkung. Im normalen Leben sind die Sachlagen und ihre Zusammenhänge derart komplex, dass wir sie niemals vollumfänglich zu durchschauen vermögen. In den *Hungergames* ist alles etwas kleiner und daher einfacher zu verstehen. Das hilft uns, mehr über die Menschen, die Gesellschaft und das Leben zu lernen.

Wir könnten noch viele weitere Möglichkeiten aufzeigen, wie wir über den Tiefgang, den die Bücher und Filme der *Hungergames* haben, für unser Leben und unsere Situation lernen können.

Aber der Reiz einer solchen Art zu lernen, besteht ja gerade darin, dass man selbst davon Gebrauch macht und selbst wählen darf, was man beobachten und ergründen will. Wenn wir dies tun, dann begeben wir uns auf unseren eigenen Weg. Und hier dürfte uns unsere Seele dann hilfsbereit zur Seite stehen…

***

Wir erkennen, dass es manchmal gar nicht so sehr darum geht, WAS wir lernen können. Sehr oft ist für uns viel hilfreicher, wenn uns aufgezeigt wird, WIE wir lernen können.

Vielleicht können die *Hungergames* und dieses Buch hier dabei unterstützen. Und wenn dies tatsächlich geschehen würde, dann hätte Katniss nicht vergebens gelitten…

16 Demut

Das Thema Hunger und Essen kommt in den *Hungergames* immer wieder vor. Eigentlich ist die ganze Geschichte darauf aufgebaut.

Suzanne Collins sagte, sie hätte sich an *«Panem et circences»* (lat. Brot und Spiele) orientiert. So dürfte die Arena entstanden sein.

Aber der Hunger spielt eben auch in den Distrikten eine grosse Rolle. Denn hier leiden die Menschen chronisch an Nahrungsmangel. Wer sonst würde Eichhörnchen essen, oder Brot aufheben, das vorher in den Schlamm geworfen wurde?

Und wenn wir dann in ein solches Setting eintauchen dürfen – oder eher müssen – dann tritt doch noch dem einen oder der anderen in Erinnerung, wie oft er oder sie schon Essen achtlos weggeworfen hat.

Und wer an diesen Punkt gelangt ist, der hat die Chance, das Wesen von Demut zu erfassen und zu begreifen:

Manche Eltern sagen ihren Kindern, sie sollen ihren Teller leeressen, weil es anderswo Menschen gäbe, die nichts zu essen hätten. Und das Kind fragt dann: «Was nützt es diesen Menschen, wenn ich ausesse? Sie haben deswegen trotzdem nicht mehr zu essen!»

Das stimmt natürlich – auf einer logisch realen Ebene betrachtet. Aber wer eben das Wesen von Demut erkannt hat, der leitet aus der Tatsache, dass er selbst mehr als genug hat, und der Tatsache, dass andere an Mangel leiden, eine höhere Erkenntnis ab.

Und diese Erkenntnis lässt uns erfassen, dass wir es sehr gut haben, weil wir nicht so leiden müssen, wie andere. Und weil wir wissen, dass auch wir nur Menschen sind, und dass uns das Schicksal des Hungerns darum auch treffen könnte, schätzen wir, was wir haben. Wer etwas schätzt, der geht achtsam damit um. Und beides stärkt die Haltung der Demut.

Wer Essen wegwirft, der verhält sich gegensätzlich zum Demütigen. Denn er weiss seine Stellung und Situation nicht zu schätzen und verfällt so dem Hochmut. Hochmut kommt vor dem Fall.

Wenn wir über die Hungerspiele über solche Dinge nachdenken, und auch viele andere Menschen sich über Katniss' Exempel bewusstwerden, dass genügend Nahrung keine Selbstverständlichkeit ist, dann kann sich die Haltung eines Teils der Menschheit dadurch verändern. Und so werden viele kleine Mechanismen in Bewegung gesetzt, die in ihrer Gesamtheit dann doch zu einer Veränderung führen, die auch den Hungernden zugutekommt, selbst wenn sie nichts von unserem Essen kriegen, welches wir auf unserem Teller liegen haben und nicht ausessen wollen…

Demut ist nicht etwas für dumme Gläubige, die alles glauben, was man ihnen sagt. Demut ist etwas für Menschen, die weiter zu denken vermögen als nur bis zu ihrer Nasenspitze. Und vor allem dient Demut als Medium dafür, dass unser Mitgefühl nicht nur um die halbe, sondern um die ganze Welt reichen kann.

Je nach Land und Gesellschaft neigen die Menschen dazu sehr viel Essen wegzuwerfen. Und wer Essen wegwirft, der wirft auch noch sehr viel anderes Weg.

Nur jemand, der keinen Bezug zu dem hat, was er wegwirft, wirft achtlos weg. Wer hart für etwas gearbeitet hat, der weiss dieses zu schätzen und bringt ihm darum Achtung entgegen.

Solange wir nur konsumieren, selbst aber nichts mehr erschaffen, fällt es uns leicht, Kostbares wegzuwerfen – und damit die Achtung vor denen, die unter meist fragwürdigen Bedingungen dafür gearbeitet haben. Und diese fehlende Demut macht uns zu Bewohnern des Kapitols. Je mehr Selbstwirksamkeit, Achtung und Demut wir aber leben, je mehr nähern wir uns damit dem Wesen von Katniss, Peeta und vielen anderen einfachen Menschen an, die zwar wenig haben, dafür ihr Herz am richtigen Fleck tragen.

Wenn wir die Menschen zum Vorbild nehmen, die alles in Geldwerten messen, dann hat es die Demut schwer. Wenn wir aber unser Mitgefühl entwickeln, dann verstehen wir immer mehr, warum es in Panem zu einem weiteren Krieg kommen muss…

17 Kritische Haltung

Wir brauchen nicht lange zu lesen, bis wir bereits auf den ersten Seiten in der Geschichte der *Hungergames* auf Ungerechtigkeit stossen. Und sobald dies geschieht, nehmen wir eine kritische Haltung ein.

Nehmen wir auch eine kritische Haltung ein, wenn wir in unserer Welt Ungerechtigkeiten beobachten?

Solange die Menschen all das unreflektiert an- und aufnehmen, was die Regierung, die Medien, die Verkäufer und unsere besten Freunde kommunizieren, dürfte es die Gerechtigkeit schwer haben. Denn die Gerechtigkeit benötigt eine kritische Haltung, damit Ungerechtigkeiten überhaupt erst entdeckt und wahrgenommen werden können. Ohne kritische Haltung kann sich alles, was nicht unserem Gerechtigkeitsempfinden entspricht, hinter dem Schleier der Illusion der falschen Wahrnehmung und irreführenden Berichterstattung verstecken.

Aber kritisch zu denken ist eben bedeutend anstrengender als konsumierend der Herde zu folgen. Und indem wir kritisch werden, geht es uns wie Katniss: Wir entfernen uns dadurch von der Mehrheit und werden immer mehr zum Einzelgänger.

Warum wurde Katniss zum Spotttölpel? Weil sie der Mehrheit gefolgt ist, oder weil sie ihren eigenen Weg gegangen ist? Weil ihr Gerechtigkeitsempfinden sie immer wieder darauf aufmerksam gemacht hat, dass doch sehr vieles in Panem unfair läuft, oder weil sie ihre Augen und ihr Herz verschlossen hat?

Kritisch durchs Leben zu gehen, bedeutet nicht, als Pessimist alles zu verurteilen und schlecht zu machen. Es bedeutet nur, Fallen in der Arena besser und schneller entdecken zu können, um durch sie nicht unterzugehen.

Und wenn Haymitch unseren beiden Tributen helfen konnte, dann nicht, indem er sie kämpfen gelehrt, sondern indem er sie kritisch beobachten und reflektieren gelehrt hat.

Wer kritisch ist, der sieht die Realität mit mehr Klarheit. Und wer klarer sieht, der entdeckt Irrtümer, Blendung, Manipulation und Verführung viel eher.

«Wasser ist dein bester Freund!»

Wasser ist das Lebenselixier schlechthin. Indem Katniss nach Wasser suchte, anstatt nach Waffen und Gewalt, ging sie einen anderen Weg als die anderen. Und dies hat ihr die Anerkennung der Zuschauer eingebracht und somit auch Sponsoren, was ihr und vor allem Peeta half, die Hungerspiele zu überstehen.

Wir sollten auch über kritisches Beobachten Klarheit schaffen, auf dass wir Wasser finden, anstatt Ruhm, kurzfristigen Erfolg und Materialismus – bevor wir dann unseren Irrtum entdecken und untergehen…

18 Free Internet

Wie ums Himmels Willen kommt der Autor auf eine Kapitelüberschrift wie *Free Internet*, wenn es um die *Hungergames* geht?

Nun, der Autor stellt sich vor, wie es Katniss ergangen wäre, wenn die Bevölkerung in Panem Zugang auf ein Freies Internet gehabt hätte.

Dann, wenn Informationen und Meinungen frei zirkulieren können und jedem zugänglich sind, hat es eine Diktatur schwer, sich zu behaupten.

Sobald aber über Zensur ein kritisches Denken und Überprüfen verunmöglicht wird, kann Diktatur und Tyrannei Schritt für Schritt Einzug halten.

Deshalb sollten wir uns immer und überall für freie Meinungsäusserung, für offenen Zugang zu Wissen und Informationen und für Gleichheit einsetzen. Denn nur so kann in unserer Welt den unfreiwilligen Tributen geholfen und der Gang in die Arena erspart bleiben.

Das Freie Internet steht für so vieles, was das Regime in den *Hungergames* abgeschafft und verunmöglicht hat. Und weil ein freies Internet Veränderungen erlaubt, die ohne Gewalt und Revolution möglich sind, sollten wir gut dafür schauen, dass es frei bleibt.

Die Feder ist noch immer mächtiger als das Schwert!

Aber die Feder hat eine bedeutend grössere Reichweite, wenn sie ins Freie Internet schreibt…

19 Brave New World

Die Tribute von Panem bilden eine dystopische Zukunft ab: Der Menschheit wird es anders gehen, aber nicht besser – im Gegenteil!

Auch der Roman *«Brave New World»* (dt. Schöne neue Welt) von *Aldous Huxley* ist dystopisch.

Beide Geschichten haben etwas gemeinsam: Denn in beiden nutzen die Alphas der Gesellschaft ihre Vormachtstellung aus, um über den Rest der Bevölkerung bestimmen und verfügen zu können.

Und diese Machenschaften führen eben dazu, dass das Zeitalter der Verachtung Einzug halten kann, was dann schliesslich zur Dystopie führt.

Dann, wenn wir Menschen nicht mehr auf Barrikade gehen, wenn unsere Kinder in einer Arena einander zum Frass vorgeworfen werden, dann wächst die Verachtung des Lebens an.

Und wenn wir Romane wie die *Hungergames* oder *Brave New World* aus reinen Unterhaltungszwecken konsumieren, und den Warnfinger nicht erkennen wollen, den sie für uns hochhalten, dann müssen wir uns nicht beklagen, wenn es uns schlecht ergehen sollte; denn das bringt Verachtung halt nun mal so mit sich…

***

Wir könnten uns aber auch umdrehen und dadurch unsere Perspektive ändern!

Was, wenn es auf Erden keinen Hunger und auch kein Leid mehr geben würde? Was, wenn unsere Erde zu einer wirklich schönen neuen Welt werden könnte?

Ja, der Autor weiss: Es gibt sehr viele, die nicht daran glauben können und wollen.

Aber was ist mit all denjenigen, die daran glauben?

Es gibt in unserer Welt sehr viele Katniss', Peetas, Heavensbees, Beetees, Cinnas und Co. Wenn wir beachten, was sie tun, und wenn wir das an Werthaltungen und Idealen übernehmen, worin sie uns überzeugen, dann hat die schöne Welt eine Chance. Nicht überall und für alle. Aber für uns und all diejenigen, die ebenfalls an das Gute glauben und ihm so den Weg ebnen helfen.

Ja, der Autor schreibt immer wieder vom Guten in seinen Büchern. Er tut es, weil er keine gültige Alternative dazu sieht. Er tut es, weil er Helden wie Katniss oder Peeta mehr glaubt und vertraut als all den Politikern, die über Mandate, Lobbyisten und krumme Allianzen mit denen verhängt sind, die Essen wegwerfen und Tribute sponsoren, auf dass die Kassen noch mehr klingen.

Wenn wir immer wieder neue Opfer in unserer Arena zulassen und akzeptieren, dann hat es die schöne neue Welt schwer. Wenn wir aber dafür sorgen, dass es weniger Waffen, weniger Leid und weniger Missgunst aufgrund von Ungleichheit gibt, könnte unsere Arena zu einem Park werden, in dem sich Glückliche treffen, um sich zu verlieben.

Utopisch, ja, sicher. Aber lieber utopisch als dystopisch…

20 Der Kampf unserer Seele

Sehr oft während der Lektüre der *Tribute von Panem*, und wohl auch während dem Schauen der Filme, dürften uns starke Gefühle überwältigt haben. Vielleicht haben wir sogar das eine oder andere Mal geweint.

Immer dann, wenn Gefühlsempfindungen in uns aufkommen, die uns sehr stark rühren, dürfte dies ein Zeichen dafür sein, dass unsere Seele mit uns in Kontakt treten will.

Wie könnte sie es besser und wirkungsvoller tun, als indem sie uns über unsere Emotionen empfinden lässt. Empfinden in Zusammenhang mit etwas, was wir über unseren Verstand wahrnehmen können; eben zum Beispiel der Moment, wo Katniss erfährt, dass sie ein zweites Mal den Horror der Arena erleiden muss.

Unsere Seele kämpft. Sie kämpft dafür, dass wir sie wahrnehmen. Aber solange wir nur konsumieren und vegetieren, sind wir so oberflächlich und unachtsam unterwegs, dass wir den stillen Ruf unserer Seele nicht hören.

Erstaunt es da, dass die guten Mächte die Menschheit darin unterstützen, indem sie Leuten wie Suzanne Collins die Idee für eine Geschichte wie die der *Hungergames* eingeben?

Natürlich kann all der Tiefgang und all das, was uns an den *Hungergames* so sehr berührt, nur Zufall sein. Aber wenn wir es genau betrachten, dann passt halt schon sehr vieles sehr gut zusammen. Und dann, wenn alles sich einfach so ergibt, auf dass wir dann im Tiefsten unserer Selbst dadurch berührt werden, kann auch unsere Seele zu uns durchdringen und einen kleinen Moment lang in uns wirken.

Niemand beschwert sich, wenn er tiefgreifende, berührende und bewegende Gefühle empfinden darf; denn das ist es, wonach wir ständig suchen. Wir suchen danach, um unsere innere Leere damit zu füllen. Und unsere Seele kämpft ständig gegen Ablenkung und Oberflächlichkeiten an, um uns dabei zu helfen.

Wer weiss, vielleicht haben weitentwickelte Seelen dafür gesorgt, dass die *Hungergames* geschrieben wurden, um damit unseren Seelen zu unterstützen, zu uns durchzudringen und uns zu helfen.

Eine utopische Vorstellung ist das. Aber in ihr liegt viel mehr Hoffnung als in all dem, was das Kapitol proklamiert.

Solange wir die Hoffnung nicht aufgegeben haben, hat auch unsere Seele noch eine Chance, ihren Kampf in uns für uns zu gewinnen. Und wenn unsere Seele auf Kosten unseres Egos mehr Beachtung von uns erhält, so kann es sein, dass Arenen, Bombardierungen und Hungersnöte nach und nach verschwinden und einer schönen neuen Welt platzmachen.

Vielleicht brauchen wir Hoffnungslosigkeit, damit wir Hoffnung schöpfen. Vielleicht müssen wir zuerst erwachen, damit wir kritisch, aber optimistisch das schätzen lernen dürfen, was nicht unseren Geldbeutel, sondern unsere Seele erfreut.

21 Falsche Liebe

Liebe deinen Nächsten, wie dich selbst.

Wie ist es aber, wenn man nur so tut, als ob man jemanden liebe, nur um dadurch seine eigene Haut zu retten?

Nun, eigentlich liebt man sich ja, wenn man Obenstehendes tut. Man liebt sich, und bemüht sich zumindest, auch den anderen zu lieben.

Wir alle wissen, dass hier auf die Situation angespielt wird, in der Katniss so tut, als würde sie Peeta lieben, obwohl ihr Herz bei Gale in Distrikt Zwölf ist.

Aber immerhin tut sie zumindest so. Und sie hilft Peeta schliesslich auch zu überleben, indem sie ihr eigenes Leben aufs Spiel setzt, um die Medizin beim Füllhorn zu beschaffen. Ist das nicht noch fast eine höhere Form von Liebe?

Nun, Liebe ist Liebe. Sie zu klassifizieren, zu bewerten und zu beurteilen, steht uns nicht zu. Aber selbst tun wir wohl gut daran, wenn wir Katniss' Beispiel folgen und eine hohe und selbstlose Form der Liebe anstreben. Denn daraus ergibt sich das Verliebtsein früher oder später ganz allein.

Dennoch scheint die falsche Liebe von Katniss zu Peeta für ganz Panem von Belang zu sein. Denn Präsident Snow fordert Katniss dazu auf, ihn zu überzeugen, dass sie Peeta wirklich so sehr liebt, dass sie für ihn sterben würde.

Snow weiss, dass er etwas verlangt, was Katniss niemals einhalten kann. Denn wir können uns nicht gewollt verlieben; entweder trifft Amors Pfeil, oder er trifft nicht…

Warum aber will Snow überzeugt werden?

Uns ist allen klar, dass er dies nur will, damit der Akt des Widerstands in der Arena mit den Beeren nicht als solcher, sondern als Akt der Verliebtheit, Naivität und Dummheit aufgefasst wird.

Aber der Akt mit den Beeren war eben weitreichender und selbstloser, als wir denken würden! Da Katniss und Peeta höhere Ideale und Werthaltungen in sich tragen, denken sie nicht nur an sich selbst, sondern fühlen auch, dass sie über ihre Selbstlosigkeit und über das dadurch geweckte Mitempfinden der Zuschauer etwas beim Kapitol zu erzwingen vermögen, womit dieses niemals gerechnet hätte.

Wenn man im Kapitol nur oberflächliche und falsche Gefühle kennt, so kann es dann eben kommen, dass man Tribute falsch einschätzt, selbst wenn es sich noch um Kinder handelt.

Und wenn man dann auch noch Erwachsene in eine Arena schmeisst und denkt, diese würden so denken und handeln, wie man es für sie vorsieht und es wohl auch selbst tun würde, dann kann es sein, dass man an eigener Arroganz und an persönlichem Hochmut scheitert. Eben, weil man diese Art von höherer Liebe selbstloser Art selbst nicht kennt.

Anstatt eines einzelnen Menschen die ganze Menschheit zu lieben, dürfte daher wohl kaum als falsche Liebe bezeichnet werden.

Könnte es sein, dass man uns über flache Unterhaltung dazu gebracht hat, Verliebtheit als wahre Liebe anzunehmen, um der selbstlosen höheren Liebe dadurch ihre Wirkung zu nehmen?

Will unser System bei uns das Gleiche erwirken, wie Präsident Snow bei den Bewohnern Panems zu bewirken beabsichtigt, indem er Katniss anweist, sie solle eine wahre falsche Liebe vorspielen?

22 Hört es jemals auf?

Jahr für Jahr kommen die Hungerspiele wieder. Und Jahr um Jahr sterben unschuldige Kinder; einerseits zur Unterhaltung der Massen, andererseits als Opfer für das Mahnmal des Krieges.

Jedes Jahr werden der Niederschlagung des Aufstandes gegen Ungerechtigkeit und Unterdrückung wieder weitere Seelen geopfert.

Und dann, wenn die Aufständischen endlich die Möglichkeit hätten, die Hungerspiele ein für alle Mal abzuschaffen, kommen diese selbst auf den Gedanken, sie weiterzuführen, um ihre Gegner auf die gleiche Weise zu bestraffen, wie sie selbst bestraft wurden.

Wenn wir auf die Metaebene wechseln, um diesen Sachverhalt zu beobachten, dann erkennen wir, dass Unrecht niemals mit Unrecht vergolten werden kann.

Gleiches kann nicht mit Gleichem bekämpft werden. Nur wenn wir einen grossen Sprung über unseren eigenen Schatten machen und zu vergeben bereit sind, kann die Welt ein kleines bisschen besser werden.

Im Ersten Testament der Bibel steht die Aussage *«Auge um Auge, Zahn um Zahn»*. Ein Weiser Mann hat dazu gesagt: *«Das geht so lange, bis die ganze Welt blind ist und verhungert.»*

Im Zweiten Testament der Bibel treffen wir dann auf Hinweise, dass wir lieben anstatt Rache üben sollen.

Dies wohl aus der Erkenntnis heraus, dass es niemals aufhören kann, wenn man Gleiches mit Gleichem vergilt. Und wohl darum sollten wir *die andere Wange auch noch hinhalten, wenn wir geschlagen werden.*

Heute, das wissen wir, wenden sich immer mehr Menschen von der Bibel ab. Dafür werden Geschichten wie die *Hungergames* gelesen.

Vielleicht verstehen wir besser, worum es geht, wenn wir mit Katniss erleben dürfen, als wenn die gleichen Inhalte aus einem Buch zitiert werden, das über zweitausend Jahre alt ist.

Ob wir glauben, und was wir genau glauben, spielt eigentlich keine Rolle. Wichtig ist nur, dass wir uns an bestimmte Regeln halten – damit es irgendwann Mal enden kann.

Und diese Regeln helfen uns eben dabei, nicht zu tun, was wir selbst nicht möchten, dass man es uns antut. Und zu vergeben, wenn jemand trotzdem etwas getan hat, was er selbst nicht erleiden möchte…

***

Dass Katniss am Ende von Band 3 für die Weiterführung der Hungerspiele stimmt und dadurch das Opfer von unschuldigen Kindern aus dem Kapitol in Kauf nimmt, das dürfte uns schockiert haben. Aber sie hat damit eine Bedingung verknüpft. Nämlich, dass sie Snow selbst töten darf.

Die Aufständischen nehmen diese Bedingung an und machen daraus einen grossen propagandistischen Event.

Das ist schon tragisch genug. In dem Moment aber, wo Katniss den Pfeil auf Snow abschiessen soll, entscheidet sie sich stattdessen dafür, Coin zu erschiessen. Und so hat Katniss ein letztes Mal getötet. Sie hat so gegen die goldene Regel verstossen und sich strafbar gemacht. Aber gleichzeitig hat sie wohl auch eine neue Diktatur verhindert.

Manchmal muss etwas Drastisches getan werden, damit es endlich enden kann. Aber wer mal etwas Drastisches getan hat, wird es wohl so schnell nicht wieder tun. Denn die Folgen sind hart und wiegen schwer.

Selbst wenn wir nicht von der weltlichen Gerichtsbarkeit dafür belangt werden, dass wir Gleiches mit Gleichem vergolten haben, so dürfte dennoch unser Gewissen dafür sorgen, dass wir den Absichten unserer Seele nicht so bald wieder zuwiderhandeln…

Wie dem auch sei: Immer dann, wenn in Panem schlimme Dinge passieren, scheint es viele Zuschauer zu geben. Und solange es viele Schaulustige gibt, kann es eben auch nicht enden.

Erst wenn niemand mehr zusieht, kann etwas ändern. Das wollte uns Gale aufzeigen. Aber Gale ist eben trotz all seiner guten Seiten über andere Hindernisse und Glaubensmuster gestolpert. Und daher bleibt die Aufgabe an uns hängen, dafür zu sorgen, dass es jemals enden kann.

23 Schlusswort

Ein Buch über ein Werk wie die *Hungergames* zu schreiben, dürfte überheblich und selbstherrlich anmuten.

Und daher möchte der Autor dieses Schlusswort auch dazu nutzen, um in aller Form klarzustellen, dass er niemals in der Lage dazu ist, dieser Geschichte vollumfänglich gerecht zu werden.

Andere würden andere Akzente setzen und anders interpretieren.

Und in der Tat könnte man die *Hungergames* auch ganz anders auslegen. Man könnte ihnen Bösartigkeit und Effekthascherei in Menschheitsverachtender Manier vorwerfen. Man könnte sie aber auch als blosse Fantasie abtun. Oder man könnte jegliche Interpretation verweigern, damit die nackte Geschichte so stehen bleibt, wie sie im ersten Moment zu wirken vermag.

Dieses Buch hier wählt einen anderen Weg. Aber auch dieser ist subjektiv und von Ansichten und Glaubensmustern geprägt. Dem kann nicht anders sein, weil wir Menschen nun mal hinter Illusionen leben und niemals allwissend sein können.

Wenn aber in Panem die absolute Kontrolle über jeden einzelnen Menschen angestrebt wird, damit das System bestehen bleiben kann, so versucht dieses Buch hier zumindest das Gegenteil zu bewirken.

Natürlich können wir nicht in allen Belangen frei sein und tun, was uns gefällt. Aber in unserem Innern haben wir die Möglichkeit, sehr viel Freiheit und Gerechtigkeit zu erleben und zu erschaffen. Diese Möglichkeit sollten wir nutzen. Und die *Hungergames* helfen uns über viele Einzelbeispiele zu erkennen, wie wir das bewerkstelligen könnten, und wo es sich anzufangen lohnt.

Und so versteht der Autor dieses Buch hier als Bindeglied zwischen einem dystopischen Werk und all dem, was in jedem einzelnen Menschen dadurch angestossen werden könnte, damit die unsere Welt nicht auch dystopisch wird.

Ob jemand den zugespielten Ball aufnehmen und etwas damit anfangen will, steht in der Wahl- und Entscheidungsfreiheit eines jeden einzelnen von uns. Aber mit diesem Ball zu spielen wäre sicherlich schon mal besser, als mit dem Leben von Leuten zu spielen, die man nicht einmal kennt.

Wir sind alles Menschen, und als solche können wir niemals unfehlbar sein. Aber wir können dennoch dazu beitragen, dass unsere Welt dank uns ein kleines bisschen besser wird. Und weil wir glücklicherweise nicht die Hungerspiele gewinnen müssen, um zum Spotttölpel zu werden, können wir ja mal austesten, was dieses Buch hier vorschlägt:

Beobachten und nachdenken, um in Demut lieben und achten zu lernen.

Sicherlich, das ist nicht viel. Aber es könnte der Beginn davon sein, dass es endlich mal aufhört…!

***

Und zum Schluss noch dies: Wenn Gale vor den Spielen zu Katniss sagt: *«Die wollen nur eine gute Show! Zeig ihnen, wie gut du bist, dann kriegst du einen Bogen!»*, dann kann er das nur sagen, weil er weiss, wie die Leute ticken.

Wenn Lucy Gray anfängt zu singen, anstatt zu weinen, nachdem sie als Tribut für die Hungerspiele gezogen wurde, dann nur, weil sie weiss, dass die Leute eine gute Show wollen.

Wenn Katniss Peeta dazu überreden kann, am Ende der Hungerspiele so zu tun, als würden sie gleichzeitig die Giftbeeren schlucken, dann nur, weil sie die Leute im Kapitol einschätzen und durchschauen kann.

Wenn Haymitch in Distrikt 13 beim ersten Versuch mit Katniss eine Propo zu drehen sagt: *«And this, my friends, is how a revolution dies.»* (Auf diese Art, meine Freunde, stirbt die Revoltution), dann nur, weil er sich in die Revolutionsanhänger hineinfühlen kann – und weil er weiss, dass Katniss mehr draufhat; wenn sie sich selbst sein kann.

Langer Rede kurzer Sinn: In den *Hungergames* kommen die weiter, welche über Menschenkenntnis verfügen. Menschenkenntnis erarbeitet man sich, indem man über Menschen, ihre Beweggründe und ihr Verhalten nachdenkt. Darum geht es in den *Hungergames*. Darum geht es in diesem Buch hier. Darum geht es im Leben – auch in Ihrem!

Alles Gute…!

… und möge das Glück stehts auf Ihrer Seite sein!

Anmerkung

Sehr oft hat der Autor in diesem Buch hier nur von Katniss geschrieben. Und dies, obwohl er genau so gut Peeta, Cinna, Tigris oder Rue hätte als Beispiel nehmen können.

Der Autor hat Katniss der Einfachheit halber gewählt. Damit die Leserschaft sich schneller erinnern und den Text leichter verstehen kann. Aber er hat all die anderen Gutmenschen und ihre Taten trotzdem nicht vergessen.

Und in gleicher Manier hat der Autor in diesem Buch hier sehr oft nur die männliche Form geschrieben. Nicht, weil er Frauen geringschätzen würde und es darum nicht für nötig hält, die formalen Vorgaben in Bezug auf die Gleichberechtigung einzuhalten. Nein, er hat es der Verständlichkeit des Textes und des leichteren Leseflusses zuliebe getan.

Aber so wie Katniss uns aufzeigt, dass ein Held auch weiblich sein kann, und so wie Coin uns daran erinnert, dass selbstsüchtige Machenschaften nicht zwingend vom Geschlecht des Menschen abhängen müssen, gibt es eben der Möglichkeiten viele zu erkennen, dass es unter dem Strich auf unsere innere Haltung drauf ankommt – nicht auf den äusseren Schein.

Hinweis

Die Gedanken und Erkenntnisse, die in diesem Buch hier dargelegt und veröffentlich werden, stammen von *Maximilian von Morgenstern*. Dieser Name ist ein Pseudonym für jemanden, der es vorzieht, die Öffentlichkeit zu meiden. Womöglich aus denselben Gründen, wie Katniss es vorzieht, sich aus der Öffentlichkeit zurückzuziehen.

Als Autor tritt daher *Michael von Känel* auf – weil es in unserer Gesellschaft einen Autor braucht. Aber weil es unschicklich ist, sich mit fremden Federn zu schmücken, soll hier Herr Morgenstern dennoch Anerkennung und Dank eingeräumt werden dafür, dass er uns etwas zukommen lässt, was uns in unserem Reflektieren weiterhelfen kann. Der Verlag www.denkmalnach.ch ist stolz und dankbar dafür, solche Literatur veröffentlichen zu dürfen!

Titelverzeichnis des Verlags denkmalnach.ch

Die Titel sind wie folgt erhältlich:

- Als **Taschenbuch** zurzeit nur bei **amazon.de**
- Als **E-Book** im *Kindle*-Format bei **amazon.de** und immer mehr auch als *ePub* für **Tolino** bei **Weltbild, Thalia, Hugendubel etc**.
- Teilweise als **Hörbuch** bei fast allen Anbietern

Verlag: www.denkmalnach.ch

Autor und Suchbegriff: Michael von Känel

Bücher der Reihe *Spirituelles Wissen*:

	Meditieren *Eine Annäherung an Sinn und Zweck des Meditierens*
	Heilen *Ein Crashkurs in energetischem Heilen*

Heilen 2
Unterstützende Ausführungen zum Crashkurs energetisches Heilen

Heilen 3
Anwendungsbeispiele mit Skizzen zum Crashkurs energetisches Heilen

Heilen 4
Grundsätze der Energiearbeit und des energetischen Heilens

Heilen 5
Veranschaulichungen von Heilprozeduren und Heilungsprozessen

Sterben
Der Tod als unsere wahre Lebensversicherung

Der Antichrist
Der Versuch über unser Ego den Teufel zu erklären

Die innere Stimme
Wie wir uns von ihr führen lassen und ihr vertrauen lernen können

	Die geistige Welt *Warum die Realität nicht mehr als ein Traum ist*
	Die Bewusstheit zu sein *Schranken des Lebens ablegen, um frei zu sein*
	Weisheit – Perlen und Irrtümer *Wie Weisheit erhebt oder verblendet*
	Quo vadis? *Geheimnisse über den Weg, den wir gehen*
	Heilen 6 *Energetisches Heilen und damit verbundene umfassendere Sichtweisen*
	Glauben heute *Darf man noch glauben? Wenn ja, woran?*

Bücher der Reihe *Gesellschaft verstehen*:

	Leben statt Arbeiten *Wofür es sich zu arbeiten lohnt und wofür nicht*
	Selbstwirksamkeit *Wie uns der gekaufte Komfort unserer Selbstbestimmung beraubt hat*
	Moderne Versklavung *Wie und wodurch wir täglich versklavt werden*
	Die Illusion wegessen *Überlegungen darüber, wie unsere Ernährung uns blendet*
	Tricks aus der Chefetage *Kaderbildung aus Sicht der Mitarbeitenden – und was es sonst noch über Hierarchien zu lernen gibt*
	Verbundenheit *Ein möglicher Einblick in die Welt des Seins*

	**Was einen Menschen ausmacht** *Über die innere Schönheit im aussen*
	**Das Veilchen am Wegrand** *Warum die Liebe im Detail steckt*
	**Menschenwürde** *Wir spiegeln uns in denen um uns herum*
	**Brave new World** *Die utopische Welt der Gutgläubigen*
	**Das harmonische Dreieck** *Sich selbst und dadurch die Welt verändern*

Bücher der Reihe «*Augenmerk Hochsensibilität*»:

	Band 1 – Portrait eines hochsensiblen Menschen *Einblick in den Werdegang und die Erfahrungen eines feinfühligen Menschen*

	Band 2 – Die Wahrnehmung eines hochsensiblen Menschen *Wie und was hochsensible Menschen wahrnehmen können und warum*
	Band 3 – Hochsensibilität in Verbindung mit Achtsamkeit *Was alles möglich wäre aus Sicht eines hochsensiblen Menschen*

Bücher der Reihe *«Vision 3000»*:

	Vision 3000 Band 1 – Die Welt ist im Wandel *Es stehen Veränderungen an...*
	Vision 3000 Band 2 – Veränderungen machen uns zu schaffen *Neue Denkansätze helfen*
	Vision 3000 Band 3 – Neue Denkansätze sind gefragt *Der Mensch hat das Potenzial zu antworten*

Romanserie mit spirituellem Hintergrund *Tränen des Drachen*:

	Tränen des Drachen – Band 1 *Comfortably numb – Angenehm berauscht*

TRÄNEN DES DRACHEN II	**Tränen des Drachen – Band 2** *Seventh Son of a seventh Son –* *Der siebte Sohn des siebten Sohnes*
TRÄNEN DES DRACHEN III	**Tränen des Drachen – Band 3** *Stairway to Heaven – Die Himmelsleiter*
TRÄNEN DES DRACHEN IV	**Tränen des Drachen – Band 4** *Child in Time –Ein Kind der Zeit*
TRÄNEN DES DRACHEN V	**Tränen des Drachen – Band 5** *Warriors of the World – Krieger der Erde*
TRÄNEN DES DRACHEN VI	**Tränen des Drachen – Band 6** *The Good, the Bad and the Ugly –* *Der Gute, der Böse und das Hässliche*
TRÄNEN DES DRACHEN VII	**Tränen des Drachen – Band 7** *Holy Diver – Geweihter Taucher*

Serie *Philosophie und Bildung*:

	Philosophie und Bildung – Band 1 *Die Quadratur des Kreises* *20 Aufsätze zu Alltagsthemen – Neue Denkansätze* *für frische Köpfe*
	Philosophie und Bildung – Band 2 *Vom Blitz getroffen* *20 weitere Aufsätze zu Alltagsthemen – Neue* *Denkansätze für frische Köpfe*
	Philosophie und Bildung – Band 3 *Schwarzer Diamant* *20 weitere Aufsätze zu Alltagsthemen – Neue* *Denkansätze für frische Köpfe*
	Die kleine Maus *20 Naturgeschichten zum Nachdenken für Kinder* *und Erwachsene*
	Richtig (v)erziehen *Warum lieb sein zu Kindern böse ist*
	Lehrermangel *Warum der Lehrerberuf so anstrengend ist*

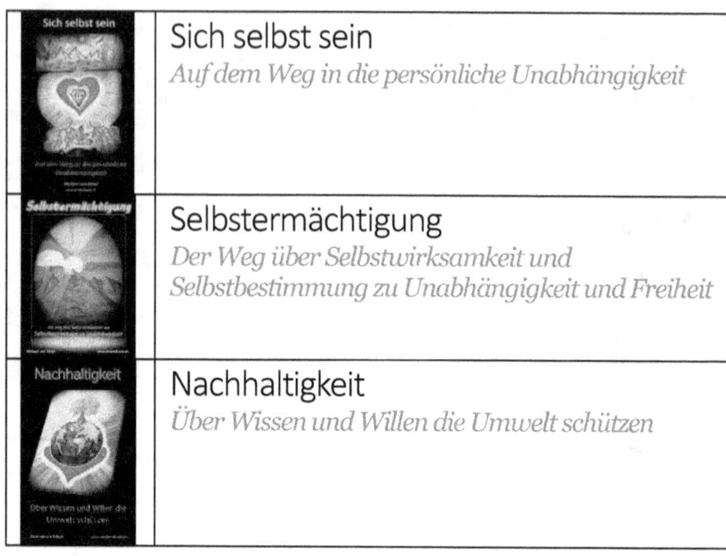

	Sich selbst sein *Auf dem Weg in die persönliche Unabhängigkeit*
	Selbstermächtigung *Der Weg über Selbstwirksamkeit und Selbstbestimmung zu Unabhängigkeit und Freiheit*
	Nachhaltigkeit *Über Wissen und Willen die Umwelt schützen*

Serie *Arbeitsbücher der Achtsamkeit*:

	Arbeitsbuch der 7 Schlüssel *Charakterbildung leicht gemacht – Der Weg ans Licht*
	Arbeitsbuch der Wahrheit *Warum Lügen kurze Beine haben*
	Arbeitsbuch des Beobachtens und Wahrnehmens *Lernen zu entdecken, zu erkennen und zu begreifen*

Serie *Übungsbücher der Achtsamkeit*:

	Übungsbuch der Spiritualität *30 Übungen zum Erfahren spiritueller Aspekte*
	Übungsbuch der Achtsamkeit *30 Übungen zum Erfahren, Beobachten und Wertschätzen*
	Übungsbuch der Selbstwirksamkeit *30 Übungen zum Erkennen, was möglich sein könnte*

Serie *The Best - The Rest – The Rare*:

	Harry Potter enthüllt *Eine spirituelle Erklärung für den Erfolg der erfolgreichsten Buchreihe aller Zeiten*
	Gesammelte Gedichte *40 gesammelte Gedichte mit Tiefgang, aus der Feder der Autorengemeinschaft* <u>www.denkmalnach.ch</u>
	E-Bike to work *Wie das Elektrovelo mein Leben verändert hat*
	Ein Quantum Trost *Für jeden Tag ein Bild und eine Aussage, um sich an die Hoffnung zu erinnern*

	## 30 Dos and Don'ts *Warum wir Dinge tun sollten und warum nicht*
	## Die Tribute von Panem enthüllt *Was wir durch die Hungerspiele über unsere Gesellschaft lernen können*

Bücher der Reihe *Erfolgreich durchs Leben*:

*Bereits komplett **als Hörbuch** erhältlich!*

	Teil 1 - Erfolgreich leben 1: Lernen mit Geld umzugehen; *Grundwissen über Geld und den Umgang damit als Basis für mehr Selbstwirksamkeit*
	Teil 2: Erfolgreich leben 2: Selbstsicherheit aufbauen; *Hinstehen und ohne Unsicherheit sich selbst sein dürfen*
	Teil 3: Erfolgreich leben 3: Effizient Lernen; *Grundsätze des Lernens, die den Wissenserwerb erleichtern helfen*
	Teil 4: Erfolgreich leben 4: Sich Ziele setzen können; *Warum man Ziele nur erreichen kann, wenn man welche hat*
	Teil 5: Erfolgreich leben 5: Absichten durchschauen; *Was hinter dem Verhalten anderer Menschen und Institutionen steht*

	Teil 6: Ursache und Wirkung 1: Übergewicht verstehen; *Wie Übergewicht zustande kommt - und was man tun kann*
	Teil 7: Ursache und Wirkung 2: Streit entlarven; *Warum gestritten wird und wie man Streit vermeidet*
	Teil 8: Ursache und Wirkung 3: Trägheit ablegen; *Wie man den Weg zu einem aktiv gestalteten Leben findet*
	Teil 9: Ursache und Wirkung 4: Überdruss loswerden; *Lernen, die Dinge in einem positiven Licht zu erblicken*
	Teil 10: Ursache und Wirkung 5: Mangel beheben; *Vom inneren Mangel, der zu äusseren Mangelerscheinungen führt*
	Teil 11: Glücklich leben 1: Freundlichkeit und Anstand; *Wie uns freundlicher und guter Umgang die Türen öffnet*
	Teil 12: Glücklich leben 2: Dankbarkeit; *Warum Dankbarkeit die Grundlage für ein glückliches Leben ist*
	Teil 13: Glücklich leben 3: Hilfsbereitschaft; *Was unsere Hilfe für andere Menschen bedeutet*

Teil 14: Glücklich leben 4:
Nächstenliebe; *Warum Nächstenliebe bei Selbstliebe beginnt und uns so das Glück finden lässt*

Teil 15: Glücklich leben 5: Ethik und Moral; *Warum die ungeschriebenen Gesetze des Zusammenlebens für unser Glück so wichtig sind*

Bücher der Reihe *Die Wirkung von... :*

Die Wirkung von Angst auf unser Leben
Was Angst alles behindert und verunmöglicht

Die Wirkung von Lärm auf unser Wohlbefinden
Wie Lärm uns beunruhigt und uns Kraft raubt

Die Wirkung von Musik auf unsere Selbstwahrnehmung
Wie Musik uns zentriert und beruhigt

Die Wirkung von Bildschirmkonsum auf unser Leistungsvermögen
Wie Bildschirme uns ablenken und unsere Leistung senken

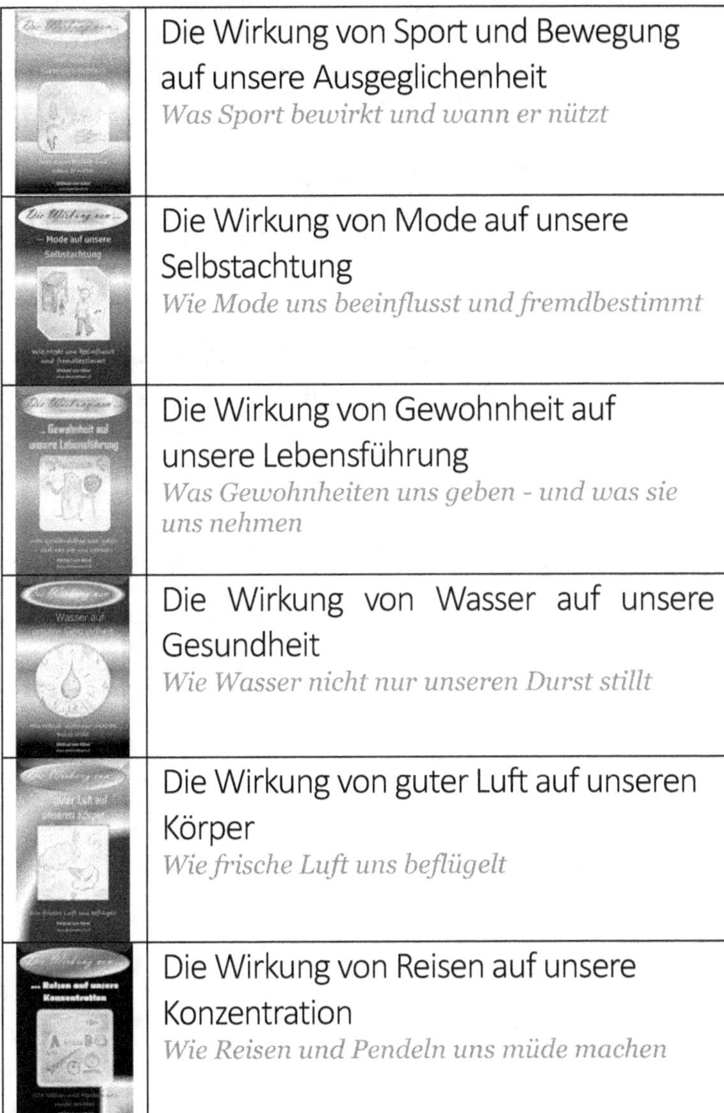

	Die Wirkung von Sport und Bewegung auf unsere Ausgeglichenheit *Was Sport bewirkt und wann er nützt*
	Die Wirkung von Mode auf unsere Selbstachtung *Wie Mode uns beeinflusst und fremdbestimmt*
	Die Wirkung von Gewohnheit auf unsere Lebensführung *Was Gewohnheiten uns geben - und was sie uns nehmen*
	Die Wirkung von Wasser auf unsere Gesundheit *Wie Wasser nicht nur unseren Durst stillt*
	Die Wirkung von guter Luft auf unseren Körper *Wie frische Luft uns beflügelt*
	Die Wirkung von Reisen auf unsere Konzentration *Wie Reisen und Pendeln uns müde machen*

Die Klappentexte zu den einzelnen Büchern sowie die
Serienbeschreibungen sind in den Online-Shops beim
jeweiligen Titel aufrufbar.

Verlag: www.denkmalnach.ch

Autor: Michael von Känel

**Herzlichen Dank, dass Sie den Verlag unterstützen
und weiterempfehlen!**

* 9 7 9 8 8 8 3 7 5 7 5 3 1 *